BIBLIOTHÈQUE DES CHEMINS DE FER

VOYAGE
A LA
SIERRA-NEVADA
DE SAINTE-MARTHE

PAYSAGES DE LA NATURE TROPICALE

PAR

ÉLISÉE RECLUS

PARIS
LIBRAIRIE DE L. HACHETTE ET Cie
RUE PIERRE-SARRAZIN, N° 14
—
1861

PRIX : 2 FRANCS

VOYAGE

A LA

SIERRA-NEVADA

DE SAINTE-MARTHE

PARIS. — IMPRIMERIE DE CH. LAHURE ET Cⁱᵉ
Rues de Fleurus, 9, et de l'Ouest, 21.

VOYAGE

A LA

SIERRA-NEVADA

DE SAINTE-MARTHE

PAYSAGES DE LA NATURE TROPICALE

PAR

ÉLISÉE RECLUS

PARIS

LIBRAIRIE DE L. HACHETTE ET Cie

RUE PIERRE-SARRAZIN, N° 14

—

1861

Droit de traduction réservé

PRÉFACE.

En 1855, un projet d'exploitation agricole et surtout l'amour des voyages m'amenaient dans la Nouvelle-Grenade. Après un séjour de deux ans, je revins sans avoir réalisé mes plans de colonisation et d'exploration géographique; cependant, malgré mon insuccès, je ne puis assez me féliciter d'avoir parcouru cette admirable contrée, l'une des moins connues de l'Amérique du Sud, ce continent si peu connu lui-même.

Aujourd'hui l'homme promène son niveau sur les plaines et les montagnes de la vieille Europe; il se croit de taille à lutter victorieusement contre la nature et veut la transformer à son image en régularisant les forces impétueuses de la terre; mais il ne comprend pas cette nature qu'il cherche à dompter; il la vulgarise, il l'enlaidit, et l'on peut voyager pendant des centaines de lieues sans voir autre chose que des parcelles de terrain découpées à angle droit et des arbres martyrisés par le fer. Aussi quelle joie pour l'Européen de pouvoir admirer une terre jeune encore et puissamment fécondée par les caresses brûlantes du soleil! J'ai vu l'antique chaos à l'œuvre dans les marécages où pullule sourdement toute une vie inférieure. A travers d'immenses forêts qui recouvrent de leur ombre des territoires plus grands que nos royaumes d'Europe, j'ai pénétré jusqu'à ces montagnes qui se dressent comme d'énormes citadelles au-dessus de l'éternel été, et dont les créneaux de glaces plongent dans une atmosphère polaire. Et cependant cette nature si magnifique où l'on voit comme un résumé des splendeurs de toutes les zones, m'a frappé moins que la vue du peuple qui se forme dans ces solitudes. Ce peuple est composé de groupes encore isolés, communiquant à grand'peine à travers les marécages, les forêts et les chaînes de montagnes ; son état social est encore très-imparfait; ses éléments épars sont dans la première effervescence de la jeunesse; mais il est doué de toutes les forces vives qui donnent le succès, car il a réuni en un faisceau les qualités distinctives de trois races : descendant à la fois des blancs d'Europe, des noirs d'Afrique, des Indiens d'Amérique, il est, plus que tous les autres peuples, le représentant de l'humanité qui s'est réconciliée en lui. C'est donc avec joie que je me tourne vers ce peuple naissant : j'espère en lui, en ses progrès, en sa prospérité future, à son influence heureuse sur l'histoire du genre humain. La république Grenadine et les républiques ses sœurs sont encore faibles et pauvres ; mais elles compteront certainement parmi les empires les plus puissants du monde, et ceux qui parlent avec mépris de l'Amérique latine, et ne voient en elle qu'une proie des envahisseurs anglo-saxons ne trouveront un jour pas assez d'éloges pour chanter sa gloire. Les flatteurs se tourneront en foule vers le soleil levant : qu'il me soit permis de les devancer en célébrant les premières lueurs de l'aube.

Quelle ne serait pas la prospérité de l'Europe si la question des nationalités était enfin résolue, si tous les peuples, faits pour être libres, étaient en effet libres et indépendants les uns des autres ! Eh bien ! cette question redoutable, pleine de sang et de larmes, qui nous tient tous haletants dans l'angoisse, cette question qui fait aiguiser tant de baïonnettes, fondre tant de boulets et mettre sur pied des millions d'hommes armés, n'existe même pas dans l'Amérique méridionale. Sauf quelques tribus d'Indiens qui seront facilement absorbées comme l'ont été déjà des millions d'aborigènes, toutes les sociétés hispano-américaines appartiennent à la même nationalité. Ces républiques du sud qu'on ne cesse de citer comme un exemple de discordes, sont au contraire les États les plus rapprochés du calme et de la paix; elles ne sont plus divisées que par des faits d'intérêt local, et des routes feront plus pour leur réconciliation que des guerres meurtrières. Les Hispano-Américains sont frères par le sang, par les mœurs, par la religion politique. Tous sans exception sont républicains, tous tiennent du blanc par l'intelligence, de l'Indien par l'indomptable esprit de résistance, de l'Africain par la passion et ce tendre génie, qui, plus que tout le reste, a contribué à marier les trois races pendant de longs siècles d'élaboration. Il n'y a point d'Alpes ni de Pyrénées dans l'Amérique du Sud; des frères habitent sur les deux versants des Andes.

Le continent de l'Amérique du Sud offre une simplicité de contours et de relief qui s'accorde parfaitement avec sa destinée; il est un comme la race qui le peuple en partie. Triangle immense, bien plus grand que notre continent d'Europe, il n'a point de presqu'îles hardies, ni de baies profondes; ses côtes s'allongent uniformément depuis la zone torride jusque dans les froides et brumeuses mers boréales. Traversé dans toute sa longueur par une arête de montagnes presque droite, et semblable à une épine dorsale, il est arrosé par les plus beaux fleuves de la terre, coulant tous dans la même dépression et se ramifiant avec une aussi parfaite régularité que les artères d'un corps organique. Évidemment ce continent a été fait pour servir de berceau à une seule et même nation. Cette nation qui commence compte déjà plus de vingt millions d'hommes appartenant tous à la même race, dans laquelle se sont fondus, comme en un creuset, tous les peuples de la terre. Quand l'ancien monde, surchargé de population, enverra ses enfants par millions dans les solitudes de l'Amérique du Sud, le flux de l'émigration troublera-t-il cette union des races qui s'est accomplie déjà dans les républiques hispano-américaines, ou bien la population actuelle de l'Amérique méridionale sera-t-elle assez compacte pour réunir en un même corps de nation tous les éléments qui lui viendront du dehors? Cette dernière alternative, qui nous semble la seule probable, entraîne la réconciliation finale de tous les peuples d'origine diverse, et la naissance de l'humanité à une ère de paix et de bonheur. Pour un état social nouveau, il faut un continent vierge.

Et quel rôle est destiné à la Nouvelle-Grenade dans l'histoire future du continent? Si les nations ressemblent toujours à la nature qui les nourrit, que ne devons-nous pas espérer de ce pays où se rapprochent les océans, où se trouvent superposés tous les climats, où croissent tous les produits, où cinq chaînes de montagnes ramifiées en éventail créent une si merveilleuse diversité de sites ? Par son isthme de Panama, il servira de halte et de rendez-vous aux peuples de l'Europe occidentale et à ceux de l'extrême Orient : c'est là, ainsi que le pressentait Christophe Colomb que viendront se souder les deux extrémités de l'anneau qui entoure le globe.

Je ne le cacherai point : j'aime la Nouvelle-Grenade avec autant de ferveur que ma patrie natale, et je serais heureux de faire connaître à quelques-uns ce pays admirable et plein d'avenir. Si je pouvais détourner vers cette contrée une petite partie du courant d'émigration qui entraîne les Européens, mon bonheur serait grand. Il est temps que l'équilibre s'établisse entre les populations du globe et que l'Eldorado cesse enfin d'être un solitude !

ÉLISÉE RECLUS.

14 janvier 1861.

VOYAGE
A LA
SIERRA-NEVADA.

I

ASPINWALL. — LE CHEMIN DE FER DE PANAMA.

Roulé dans une voile et le front caressé par le vent léger qui effleurait la mer, j'attendais, sur le gaillard d'avant du steamer *Philadelphia*, que les premières lueurs de l'aube éclairassent les montagnes de Porto-Bello. Depuis quelques heures déjà, mes yeux étaient fixés, à travers l'obscurité, sur l'horizon noir, çà et là constellé ; enfin les étoiles s'éteignirent l'une après l'autre, le vague scintillement de la voie lactée s'effaça, et le reflet de l'aurore se déploya du côté de l'occident comme une vaste tente blanche au-dessus de la terre. La masse des montagnes était encore plongée dans l'ombre, mais graduellement la lumière descendit le long des versants et colora d'une teinte d'azur les cimes lointaines, montrant sur les escarpements plus rapprochés les forêts étalées comme un splendide manteau de verdure, et mêlant quelques lueurs roses à la couche des brouillards qui reposaient au-dessus du rivage entre la mer et le pied des collines. Bientôt ce voile de vapeurs se déchira, dispersa ses lambeaux au hasard autour des récifs et sur la surface des flots, et nous révéla le vaste havre d'Aspinwall ou Navy-Bay mollement épanoui entre les deux promontoires verdoyants de Chagres et de Limon. En même temps, les rayons du soleil levant glissèrent obliquement sur les vagues, et ne frappant que leurs crêtes, changèrent en une longue ligne d'or la blanche écume qui bordait les quais d'Aspinwall.

Vue de la mer, la ville présente l'aspect des cités de l'Amérique du Nord, construites à la hâte dans l'espace de quelques années. Les maisons, de hauteur inégale, sont éparses sur la plage basse et marécageuse de l'île de Manzanilla, et du côté de l'ouest seulement se rapprochent assez les unes des autres pour former des rues. Dans les terrains non occupés par les constructions, de grands arbres ébranchés sont encore debout, semblables à d'énormes potences. Au delà de l'étroit bras de mer qui sépare la cité du continent se pressent, innombrables et touffus, les arbres de la forêt. Un grand bateau à vapeur, cinq ou six goëlettes à l'ancre, se balancent sur les flots à côté d'embarcations échouées qui élèvent au-dessus de l'eau leurs mâts vermoulus et tout incrustés de coquillages; près du quai, un vieux navire, à la coque moisie, attend un ras de marée pour sombrer et contribuer à l'obstruction du port; les jetées et les plates-formes sont encombrées de houille, de bûches et de barils épars. Des wagons, poussés à bras d'homme ou traînés par des mulets, vont et viennent incessamment entre les navires et la station du chemin de fer de Panama, coquette et gracieuse maison dont quatre palmiers au tronc tordu ombragent la façade éblouissante de blancheur qui se détache sur le fond vert de la forêt. Une muraille, un rayon de soleil, il n'en faut pas davantage sous le ciel éclatant des tropiques pour composer un tableau merveilleux.

A peine débarqués, les trois cents passagers du *Philadelphia* furent assaillis par une foule d'hommes de toute race et de tout pays, nègres de la Jamaïque, de Saint-Domingue ou de Curaçao, Chinois, Américains, Irlandais, parlant ou jargonnant chacun dans sa langue ou dans son patois, depuis le français ou l'anglais le plus pur jusqu'au *papamiento* [1] le

---

1. Le *papamiento* est un mélange de mots espagnols, hollan-

plus corrompu. Harcelés par cette avide multitude, emportés presque de vive force, les voyageurs furent tumultueusement séparés et entraînés comme autant de proies vers les innombrables hôtels, auberges ou coupe-gorge qui composent la cité d'Aspinwall. Je croyais avoir échappé à la foule en me glissant derrière les monceaux de houille et les piles de bois qui encombraient les quais; mais un nègre de Saint-Domingue parvint à me découvrir : m'accostant avec un salut en trois langues, il s'imposa comme mon guide, et de toute la matinée je ne pus me débarrasser de cet importun défenseur.

Aspinwall jouit dans l'Amérique entière d'une si mauvaise réputation sous le rapport de la salubrité, que je m'attendais à voir comme un grand cimetière où se promèneraient des ombres d'hommes tremblant leurs fièvres ; mais il n'en est pas ainsi. Les nègres et les mulâtres qui forment la majorité de la population d'Aspinwall ont un air de santé et de contentement qui réjouit le cœur ; ils se trouvent là dans un pays semblable à celui d'où sont venus leurs pères, et, comme les plantes tropicales, ils végètent luxurieusement dans cette terre grasse et marécageuse réchauffée par un soleil de feu. En

---

dais, français, anglais et caraïbes, qui sert de *langue franque* dans les Antilles hollandaises et sur les côtes de la Colombie.

voyant leur démarche tranquille et leur mine florissante, on comprend qu'ils sont ici chez eux et que l'avenir de l'isthme leur appartient, aussi bien que celui des autres régions de l'Amérique torride. Quant aux blancs et aux Chinois, ceux qui ont pu résister à la terrible fièvre semblent soutenus ou même guéris par cette ardente avidité qui seule a pu leur permettre d'aller planter leur industrie dans le royaume même de la mort. Un feu sombre, brillant dans leur regard presque féroce, éclaire leurs visages jaunes et amaigris. Leurs mouvements saccadés et nerveux montrent qu'ils ne vivent pas de la vie naturelle de l'homme, et qu'ils ont sacrifié au gain tout sentiment de bonheur tranquille. Le père qui amène ses enfants dans cette ville en tue l'un ou l'autre aussi sûrement que s'il lui plongeait un couteau dans le cœur ; mais il n'hésite pas, et, bravant pour lui et pour les siens l'insalubrité de ce terrible climat, il s'en va, calme et résolu, attendre à Aspinwall les oiseaux de passage que ses risques mêmes lui donnent le droit de dépouiller. Il peut mourir à la peine, cela est vrai; mais s'il est soutenu par la sombre énergie du gain, il pourra se retirer après quelques années de travail à New-York ou à San-Francisco, veuf ou privé de ses enfants, mais puissamment riche.

Il est du reste assez rare que les aventuriers venus à Aspinwall de tous les coins du globe aménent avec eux enfants ou femmes. Celles-ci ne forment qu'une très-faible minorité de la population dans la ville naissante, et l'on sait que toute société où manque la femme devient nécessairement grossière, immorale, impudique. Loin de ces regards qui charment et subjuguent jusqu'aux êtres les plus épais, l'homme s'affranchit complétement des mœurs, de toute politesse, de toute dignité; il se précipite en plein vice tête baissée, il se complaît en son abrutissement et s'en fait gloire. Les liens du commerce sont les seuls qui rattachent les uns aux autres les membres d'une société de cette espèce : aussi malheur à celui qui ne peut rien offrir en échange du service qu'il demande !

Le plus grand édifice de la ville est l'hôpital. Un malade peut s'y faire transporter moyennant 100 francs d'entrée et 25 francs par jour ; sinon, qu'il se fasse déposer à la porte et qu'il meure! L'étranger mourant de soif dans une rue d'Aspinwall pourrait se traîner longtemps de porte en porte sans trouver de blanc charitable qui lui donnât gratuitement un verre d'eau; seuls les nègres méprisés auraient peut-être la générosité de mouiller ses lèvres !

Je n'oublierai jamais l'aspect de la salle d'auberge dans laquelle j'entrai pour déjeuner et me reposer du mal de mer. Autour d'une longue table en bois noircie par l'usage se pressaient une centaine de voyageurs de toutes les nationalités. La table était comme au pillage; chacun se précipitait sur les plats qui étaient à sa convenance et tâchait de s'en assurer la meilleure part; les cris, les exclamations, les disputes se croisaient dans tous les sens. A une extrémité de la salle, des groupes de Californiens aux yeux hagards, aux cheveux en désordre, aux vêtements déchirés, jouaient leurs piastres et leur poudre d'or sans se soucier aucunement des étrangers qui venaient d'envahir l'hôtel; parmi ces groupes régnait le plus âpre silence, interrompu de temps en temps, selon les chances du sort, par des rires sardoniques ou par des blasphèmes. Une dame, jadis blanche, mais jaunie par les fièvres, présidait au service de la table. Ses grands yeux ardents roulaient dans de trop larges orbites; sa peau sèche et tendue comprimait les pommettes de ses joues et son vaste front uni comme du marbre; ses lèvres violettes et toujours ouvertes laissaient voir de pâles gencives; sous sa robe très-ample, qui sans doute avait autrefois recouvert des formes voluptueuses, on pressentait un corps de squelette. De l'ancienne beauté, il ne restait à l'hôtesse que d'abondants cheveux noirs, encadrant son visage émacié. Et pourtant cette femme, qui déjà semblait appartenir au tombeau, ne montrait aucune défaillance; sa voix était décidée, son regard intrépide, son geste souverain. Elle était soutenue par une fièvre plus terrible que celle qui la minait : la fièvre sacrée de l'or.

La grande rue d'Aspinwall présente un aspect étrange : des pavillons et des banderoles flottent devant toutes les maisons comme dans une rue de Pékin ; des blancs, des nègres, des Chinois crient, gesticulent et se battent ; des enfants tout nus se roulent dans la poussière et dans la boue ; des cochons, des chiens et jusqu'à des moutons dévorent côte à côte d'innombrables ordures que les vautours, perchés sur le bord des toits, contemplent d'un œil avide ; des singes attachés hurlent, des perroquets et des perruches poussent leurs cris stridents : c'est une étrange cohue, dans laquelle on ne s'engage qu'avec une sorte de frayeur. Les Indiens seuls manquent dans cette Babel. Effarouchés par les envahisseurs de leur pays, ils osent à peine rôder timidement autour de cette ville, qui s'est élevée comme par enchantement dans un îlot marécageux.

Le drapeau tricolore de la Nouvelle-Grenade flotte sur une maison d'Aspinwall ; mais l'autorité grenadine, loin de gouverner, doit se féliciter d'être simplement tolérée. La compagnie du chemin de fer, déclarée simple propriétaire de l'île par acte du congrès grenadin, est en réalité la vraie souveraine du versant atlantique de l'isthme, et ses décisions, qu'elles soient ou non ratifiées par le *jefe politico* d'Aspinwall ou par le congrès de Bogota, ont réellement force de loi. Ce sont des Américains sans peur qui ont osé mettre le pied sur cet îlot malsain de Manzanilla, qui, dans la vase fumante de miasmes où la mort germe avec les plantes, ont enfoncé les pilotis où devait s'asseoir la ville, qui ont appelé de tous les points de la terre les hommes avides en leur criant : « Faites comme nous, risquez votre vie pour la richesse! » Ils ont même apporté des États-Unis la plupart des maisons toutes construites, et c'est encore aux États-Unis qu'ils envoient chercher leur farine, leur biscuit, leur viande et jusqu'à leur combustible. La ville est leur création, ils se sentent le droit de la gouverner et ils lui ont donné le nom d'un des plus forts actionnaires de la compagnie, le négociant Aspinwall ; les protestations solennelles de la république grenadine n'ont pas encore réussi à imposer le nom officiel de Colon à la cité naissante.

Les agents de la compagnie américaine sont donc seuls responsables de la salubrité de la ville : s'ils daignaient s'occuper d'assainissements, la population de quatre ou cinq mille habitants doublerait, triplerait dans l'espace de quelques années ; mais au lieu de songer à dessécher les marais, ils en ont formé d'artificiels. Pour construire un bel entrepôt en lave noire, les ingénieurs ont choisi une ligne de récifs à quelque distance du rivage, et la nappe d'eau qu'ils ont ainsi séparée de la baie est devenue un marais infect, rempli de débris putréfiés et couvert d'un limon sous lequel veille perfidement la terrible *fièvre de Chagres*. M. Frœbel, qui a visité l'embouchure de la rivière Chagres, et en a laissé une belle description [1], dit avoir distinctement senti sur sa langue le goût des miasmes paludéens.

Le chemin de fer à une seule voie qui réunit Aspinwall à Panama n'a que soixante-douze kilomètres de longueur, et traverse l'isthme presque en ligne droite du nord-ouest au sud-est. Il a coûté plus de cinq cent mille francs par kilomètre, somme énorme, comparée aux frais d'établissement des autres chemins de fer de l'Amérique; cependant, et quoi qu'on en dise, les travaux d'art n'ont rien de gigantesque. Il a fallu réunir l'île de Manzanilla au continent par un pont fondé sur pilotis, traverser plusieurs marécages, élever de forts remblais aux approches des rivières, franchir le fleuve Chagres sur un pont de deux cents mètres, et creuser quelques tranchées, surtout au point culminant du chemin de fer, élevé seulement de quatre-vingts mètres au-dessus du niveau de l'océan; mais depuis longtemps les ingénieurs ont appris à vaincre ces difficultés. Le grand obstacle à la construction de cette ligne ferrée fut la terrible mortalité qui sévis-

---

[1]. *Seven years' travels in Central America.*

sait parmi les ouvriers. La promesse d'une paye très-élevée n'en exerçait pas moins une séduction irrésistible à laquelle des milliers d'hommes de toute couleur et de toute race se laissèrent entraîner, et les travailleurs commencèrent hardiment, les pieds dans la vase brûlante des marécages, à scier les troncs des palétuviers, à enfoncer des pilotis dans la boue, à charrier du sable et des cailloux dans l'eau corrompue. Combien de malheureux, harcelés par les insectes malfaisants, aspirant à chaque souffle les miasmes perfides qui reposent sur la surface des eaux, étourdis par le soleil impitoyable qui leur brûlait le sang dans les veines, se sont péniblement traînés sur la terre ferme, et couchés pour ne plus se relever ! Il est passé en proverbe que le chemin de fer de Panama a coûté une vie d'homme par traverse posée sur la voie. C'est là une exagération évidente, car ce fait supposerait la mort de plus de soixante-dix mille ouvriers ; mais il est certain que la compagnie n'a pas jugé à propos de publier et probablement n'a jamais su le nombre de ceux qui sont morts à son service. Les Irlandais, plus exposés que d'autres à cause de l'exubérance de leur vitalité et de la richesse du sang qui court en d'innombrables filets sous leur peau fine, furent presque tous exterminés par la maladie, si bien que les agents de la compagnie renoncèrent à faire venir de New-York ou de la Nouvelle-Orléans d'autres terrassiers de cette nation. Les nègres des Antilles eux-mêmes souffrirent beaucoup des atteintes du climat, et, peu soucieux d'augmenter leurs économies aux dépens de leur santé, se retirèrent en foule, pour jouir à la Providence, à la Jamaïque, à Saint-Thomas, des douceurs du *far niente*. Quant aux Chinois, qui, sur la foi de promesses magnifiques, avaient quitté leur pays afin d'aller s'enrichir de piastres américaines au delà du Grand-Pacifique, on les vit par centaines mourir de fatigue et de désespoir. Nombre d'entre eux se donnèrent la mort pour éviter les souffrances de la maladie qui commençait à leur tordre les membres. On raconte qu'au plus fort de l'épidémie, une multitude de ces pauvres expatriés alla s'asseoir à la chute du jour sur les sables de la baie de Panama, qu'avaient abandonnés depuis quelques heures les flots de la marée. Silencieux, terribles, regardant à l'occident le soleil qui se couchait au-dessus de leur patrie si lointaine, ils attendirent ainsi que le flot remontât. Bientôt en effet les vagues revinrent tourbillonner sur les sables de la plage, les malheureux se laissèrent engloutir sans pousser un cri de détresse et la mer roula son vaste linceul sur eux et sur leur désespoir.

La voie ferrée de l'isthme est loin de rendre au commerce et à l'humanité les services qu'on pourrait en attendre. La faute en est certainement au monopole et au taux exorbitant des prix exigés par la compagnie, qui fait payer aux voyageurs la somme de 125 fr. pour un simple trajet de 72 kilomètres, et demande jusqu'à 1000 fr. par tonne de marchandises expédiée en grande vitesse. Aussi le chemin de fer ne transporte-t-il de mer à mer que trente à quarante mille voyageurs par an, c'est-à-dire moins que notre réseau de l'Ouest en un jour. Le mouvement des marchandises entre les deux océans représente une valeur totale d'un tiers de milliard; mais les articles expédiés consistent simplement en or de Californie, en argent du Mexique et autres objets offrant un grand prix sous un petit volume. Toutes les marchandises encombrantes dirigées d'une mer sur l'autre suivent encore la voie du cap Horn; bien que leur valeur moyenne s'élève à un milliard environ, la compagnie ne songe pas à abaisser son tarif dans le but de prélever un bénéfice sur ce commerce immense. Plutôt que d'acquitter les prix énormes stipulés par la compagnie du chemin de fer pour le transit des marchandises, les négociants de New-York et de San-Francisco préfèrent imposer à leurs cargaisons un détour de 9600 kilomètres et une prolongation de soixante jours de traversée au milieu des tempêtes de l'océan Austral. A l'exception des grands paquebots qui portent régulièrement les passagers et les malles, presque tous les navires qui abordent à Aspinwall et à Panama sont de simples goëlettes faisant le service du cabotage entre les ports de la Nouvelle-Grenade et de l'Amérique centrale. Et cependant, le transport des voyageurs et des métaux précieux suffit pour faire gagner environ 40 pour 100 chaque année aux actionnaires de la compagnie; plus tard, ils pourront encore accroître leurs bénéfices, en vendant les cent mille hectares de terres fertiles que leur a concédées la république grenadine.

Jusqu'à ce jour, la compagnie de l'isthme n'a eu qu'une seule concurrence à redouter, celle des bateaux à vapeur du lac de Nicaragua, et même, grâce aux pirateries de Walker, grâce aussi aux intrigues des plénipotentiaires américains, qui exigeaient pour les États-Unis une quasi souveraineté sur la route de transit, cette concurrence a complétement cessé pendant quelques années. Tôt ou tard néanmoins, les voies ferrées interocéaniques de Téhuantepec, de Honduras, de Costa-Rica, de l'isthme de Chiriqui, seront achevées, et il se peut aussi que la Nouvelle-Grenade, justement mécontente de ce que la compagnie de Panama ne lui paye pas l'intérêt annuel convenu, permette à une compagnie rivale de construire un autre chemin de fer entre les deux mers. Il est évident que cet isthme allongé, qui se ploie si gracieusement entre les deux Amériques sur une longueur de 2200 kilomètres, et sépare de son étroite bande de verdure les immenses nappes bleues des deux grands océans du monde, ne doit pas rester une solitude effrayante où çà et là germent des embryons de ville. Un jour, les peuples de la terre s'y donneront rendez-vous, des Constantinoples et des Alexandries se bâtiront à l'embouchure de ses fleuves, ses marécages se transformeront en champs fertiles, et le volcan païen de Momotombo, qui, d'après la tradition, se faisait un devoir d'engloutir les missionnaires chrétiens, admettra sans doute sur ses vastes flancs les bûcherons et les agriculteurs paisibles.

II

LE NARCISSE. — PORTO-BELLO. — LES INDIENS
DE SAN-BLAS. — LE GOLFE D'URABÀ.

J'avais formé le désir d'aller jusqu'à Panama pour voir l'isthme dans toute sa largeur, et contempler les eaux de l'océan Pacifique ; mais j'aurais dû attendre pendant un jour et une nuit le départ d'un train, et j'avoue que ce séjour dans un hôtel construit sur le bord d'un marécage me souriait fort peu. D'ailleurs j'avais hâte d'arriver au pied de la Sierra-Nevada, but principal de mon voyage, et je dis adieu à mes compagnons de traversée[1]. Le ba-

---

1. Réunis le lendemain (17 août 1855) aux neuf cents passagers du steamer de New-York *l'Illinois*, ces voyageurs se doutaient peu qu'ils auraient à soutenir un siége en règle contre les habitants de Panama, et que dix-sept d'entre eux seraient tués par le couteau. Un Américain ayant volé une pastèque tira un

teau à vapeur anglais qui fait le service régulier des côtes de la Nouvelle-Grenade ne devant passer que dans une douzaine de jours, je m'empressai d'aller au port, afin de m'enquérir d'une goëlette en partance pour Carthagène. J'aperçus fort heureusement une petite coquille de noix qui levait l'ancre ; je n'eus que le temps d'envoyer chercher mes malles, de me jeter dans un esquif, de grimper à bord de la goëlette, qui déjà commençait à louvoyer en face d'Aspinwall ; je descendis dans la cale pour déposer mes effets entre deux sacs de cacao, et quand je remontai l'échelle périlleuse, nous étions au milieu de la baie.

Le Narcisse était une petite embarcation délabrée du port de 24 tonneaux, et si mal aménagée que le seul espace libre où l'on pût se promener n'avait pas plus de deux mètres de long. De moment en moment, la crête des vagues nous cachait l'horizon, et l'on eût dit que dans le lointain la ville jaillissait du sein de la mer et s'y abîmait tour à tour. A chaque nouvelle lame, notre mât de beaupré plongeait en partie, et l'eau venait ruisseler jusqu'à l'arrière. L'espace resté sec était bien petit ; il fallait cependant s'en contenter, et je m'y installai de mon mieux, les

coup de revolver sur le *Panameño* qui voulait la lui reprendre. Ce fut le signal du combat. Les Américains vaincus furent obligés de battre en retraite, et ne furent sauvés que grâce à l'intervention de la police et de la force armée.

pieds plantés en arc-boutant contre le rebord de l'ouverture de la cale, le dos appuyé sur le bordage, le bras passé autour d'un câble ; j'essayai de faire corps pour ainsi dire avec l'embarcation, et de rester immobile comme une poutre amarrée sur le pont. Cette position me permettait de contempler à mon aise les vagues écumeuses, au milieu desquelles se jouaient des méduses transparentes et que fendaient les requins de leur nageoire dorsale, triangulaire et tranchante comme un couteau de guillotine.

L'équipage du *Narcisse* se composait de quatre hommes : le propriétaire, le capitaine, le matelot et le mousse. Le premier était un nègre herculéen, à la figure puissante et placide ; couché sur le pont, il regardait avec une satisfaction profonde la voile de son navire enflée par le vent, les sacs de cacao empilés dans sa cale, et même l'humble passager étendu à ses côtés ; il jouissait voluptueusement du privilége de posséder et regardait avec tendresse les vagues sur lesquelles flottait sa goëlette ; tout entier à son bonheur, rarement daignait-il s'occuper de la manœuvre et prêter main-forte, lorsqu'il s'agissait de haler sur une corde ou de virer de bord. Du reste, il était d'une douceur ineffable, et désirait voir tous ses compagnons aussi heureux que lui-même ; si le capitaine n'eût pas commandé, si le matelot et le mousse se fussent croisé les bras, il se serait laissé paisiblement dériver sur un récif sans que la satisfaction peinte sur son visage en eût été troublée. Vrai type du nègre des Antilles, il se disait cosmopolite, et flottait de vague en vague, de terre en terre, comme un alcyon; il parlait également mal toutes les langues, tous les patois des peuples établis autour de la mer des Caraïbes, et répondait indifféremment aux noms de don Jorge, de John et de Jean-Jacques.

Le capitaine, jeune, beau, actif, mais bavard, impatient, colère, ne cachait guère le mépris qu'il avait pour son placide armateur; cependant il avait le bon sens de ne pas le brusquer. Fils d'un Français marié à Carthagène, Joseph-Maria Mouton tenait sans doute de son père ses traits, ses manières et sa vivacité; mais il avait pris les habitudes et les superstitions du pays, et ne savait plus un mot de la langue de ses ancêtres; ses yeux me suivaient avec une curiosité importune. Il prononçait chaque parole avec l'accent du défi, et ne s'adoucissait un peu qu'en s'adressant au matelot. Celui-ci, toujours silencieux, devinant d'avance le moindre désir du capitaine, travaillant sans relâche aux voiles, aux cordages, aux chaînes, me semblait un être indéfinissable. Non-seulement il ne parlait guère, mais il ne regardait pas, et marchait sans bruit, glissant comme une ombre de l'avant à l'arrière de la goélette. A quelle race appartenait-il? Était-il nègre, Espagnol ou métis? Sa peau noire pouvait avoir été tannée par les pluies, les orages, les brouillards, les coups de soleil; son œil avait pu se ternir au spectacle de ces milliers de flots qui se poursuivent sans fin à la surface des mers. J'eusse été médiocrement étonné d'apprendre qu'il était ce Hollandais volant qui depuis des siècles erre sur l'océan, et parfois, quand la tempête se prépare, agite devant les navires ses grands bras chargés de brouillards. Quant au mousse, c'était simplement un gamin sale et paresseux comme un serpent : il dormait toujours, et le capitaine ne pouvait guère le réveiller qu'à coups de pied.

Don Jorge, dont les repas étaient nombreux et abondants, occupait le reste de ses loisirs à suivre du regard les lignes et les hameçons qu'il avait attachés aux flancs du navire, et qui bondissaient dans le sillage écumeux. Pendant la première journée, sa pêche fut particulièrement fructueuse : il retira de l'eau force poissons dont j'ai oublié les noms barbares, empruntés à une sorte de patois hispano-indien; puis il parvint à hisser à bord une dorade, et enfin un jeune requin, long d'environ deux mètres. Pour prendre ces animaux, les matelots taillent un morceau de toile blanche en forme de poisson volant et l'attachent à un hameçon qu'ils jettent dans le sillage; ils se mettent ensuite à siffler comme sifflent les bouviers quand ils mènent leur bétail à l'abreuvoir. L'honnête poisson, séduit par cet appel, se jette sur le morceau de toile blanche, avale l'hameçon,... et ceux qui n'ont pas eu honte de tromper un requin le hissent à bord, l'assomment, le dépècent, puis, savourant d'avance leur festin, font joyeusement rôtir les filets et les côtelettes. On assure que les naufragés de *la Méduse* aimèrent mieux s'entre-dévorer que de manger du requin ; cependant j'osai m'attabler avec l'équipage et satisfaire mon appétit sur la chair du pauvre animal. Je la trouvai bonne ; mais, tout en la savourant, je ne pouvais me défendre d'un remords. De quoi me plaindrai-je, si les amis du requin vengent un jour sur moi leur frère assassiné ? Ainsi va le monde.

Le soir venu, le capitaine, qui de la journée n'avait guère adressé la parole à don Jorge, se rapprocha de lui, et, rendu confiant par la douce et mystérieuse influence de la nuit, condescendit à entrer en conversation. D'abord il parla d'affaires, puis de voyages, puis de fantômes, et bientôt nous l'entendîmes raconter une légende du temps de l'inquisition, pleine de détails horribles. C'était l'histoire d'une âme chargée de crimes oscillant sur la bouche de l'enfer, *en la boca del infierno*, et disputée par les anges et les démons. A la fin, ceux-ci l'emportaient, et l'âme désespérée plongeait dans les flammes grondantes de l'abîme. C'était la millième fois peut-être que le capitaine récitait cette légende ;

mais ses paroles, qu'il n'avait pas besoin de chercher, se déroulaient en phrases d'autant plus précises et sonores, et il déployait une certaine éloquence sauvage dans la peinture des tourments infernaux. Don Jorge, heureux de ce récit, qui stimulait sa digestion, jouissait visiblement de sa propre peur, tandis que le mousse, appuyé sur ses coudes et couché à plat ventre au milieu du pont, fixait ses yeux ardents sur le capitaine et sentait son âme lui échapper d'effroi. Quant au matelot, toujours solitaire, il se tenait debout à l'avant du *Narcisse*, et sa haute stature, à demi entrevue à travers les agrès, se dessinait, comme un noir fantôme, sur la mer phosphorescente.

Une forte pluie mit fin à notre séance, et capitaine, armateur, mousse, passager, nous nous hâtâmes de descendre dans la cale et de nous jeter sur les sacs de cacao qui devaient nous servir de lits. Mes compagnons, accoutumés à ce genre de couche, s'endormirent bientôt profondément; mais il me fut impossible de les imiter. Les gousses de cacao, dures comme de petits galets, m'entraient dans la chair; d'affreux cancrelats, les plus gros que j'aie vus de ma vie, me mordillaient les bras et les jambes et se promenaient sur ma figure; l'air renfermé de la cale, et surtout l'odeur pénétrante du cacao, me suffoquaient. A chaque instant, je gravissais l'échelle pour aspirer une bouffée d'air pur à l'ouverture de la cale ; mais la pluie incessante me forçait à redescendre dans l'antre malsain où mes compagnons faisaient des rêves d'or. Vers le matin seulement, vaincu par la fatigue, je m'endormis d'un sommeil fiévreux et agité.

Quand je me réveillai, *le Narcisse* doublait un des promontoires boisés qui gardent l'entrée de Porto-Bello, l'ancienne Porte-d'Or des Espagnols, où les galions venaient charger les trésors du Pérou. La pluie avait cessé ; une légère vapeur flottait encore sur les monts, des fusées d'écume blanche jaillissaient sur les contours du rivage. Certes la mer et les montagnes, éclairées par le soleil levant, offraient un spectacle admirable ; mais je les voyais à peine : je ne pouvais détacher mes regards des grandes forêts tropicales, qui m'apparaissaient pour la première fois dans toute leur magnificence. J'ignorais même si réellement j'avais des forêts devant moi, car je n'en distinguais pas les arbres, et pendant longtemps je crus être devant un gigantesque rocher couvert de mousse et de fougère. Dans la zone torride, l'arbre n'existe pour ainsi dire pas. Il a perdu son individualité dans la vie de l'ensemble, il est une simple molécule dans la grande masse de végétation dont il fait partie. Un chêne de France étalant ses vastes rameaux à l'écorce rugueuse, plongeant ses énormes racines dans le sol lézardé, jonchant la terre d'innombrables feuilles sèches, semble toujours indépendant et libre, même quand il est environné d'autres chênes comme lui ; mais les plus beaux arbres d'une forêt vierge de l'Amérique du Sud n'apparaissent pas isolés. Tordus les uns autour des autres, noués dans tous les sens par des cordages de lianes, à demi cachés par les plantes parasites qui les étreignent et qui boivent leur séve, ils semblent ne pas avoir d'existence propre. Les influences des climats sont les mêmes pour les peuples et pour la végétation : c'est dans les zones tempérées surtout qu'on voit l'individu jaillir de la tribu, l'arbre s'isoler de la forêt.

Peu à peu nous approchions de l'étroit goulet du port, et la scène devenait de plus en plus splendide. Deux collines portant chacune les ruines d'un vieux château se dressent vis-à-vis l'une de l'autre ; à la base de ces hauteurs, des cocotiers s'inclinent vers la surface de la mer ; des oiseaux pêcheurs se tiennent graves et immobiles sur les rochers épars. Du sommet jusqu'au pied des collines, ce n'est qu'un tumulte, un océan de feuillage ; sous cette masse qui se penche et se redresse au vent, c'est à peine si l'on peut se figurer le sol qui la supporte ; on pourrait facilement croire que la forêt tout entière a sa racine dans la mer et flotte sur les eaux comme une énorme plante pyramidale, haute de deux cents mètres. Toutes les branches sont reliées les unes aux autres, et le moindre frémissement se propage de feuille en feuille à travers l'immensité verdoyante. Cependant les collines sont très-escarpées, et pour rattacher les arbres l'un à l'autre, de grandes masses de branches, de lianes et de fleurs s'épanchent de cime en cime, semblables aux nappes d'une cataracte. C'est un Niagara de verdure.

Enfin *le Narcisse* jeta l'ancre presque à l'ombre de la mystérieuse forêt, le canot fut abaissé, et le matelot, prenant silencieusement les deux rames, nous fit signe d'y sauter. Nous allions faire une courte halte à terre. Mon émotion, déjà si forte, s'accrut encore lorsque l'esquif se fut arrêté, et que j'eus bondi de pierre en pierre jusque sur la plage, toute bariolée de coquilles jaunes et rouges. En quelques secondes, j'atteignis l'embouchure d'un petit ruisseau qui descend en cascatelles des profondeurs de la forêt, et, remontant ce chemin frayé par les eaux, je m'enfonçai dans la trouée obscure qui se prolongeait devant moi.

Il est impossible de ne pas ressentir une étrange commotion physique quand on laisse derrière soi l'atmosphère chaude et lumineuse pour pénétrer sous l'ombre moite, humide, solennelle d'une forêt vierge. A quelques pas de la mer, je pouvais me croire à cent lieues dans l'intérieur du continent : partout un fouillis inextricable de branches, partout de mystérieuses profondeurs où le regard osait à peine s'aventurer ; autour de moi, des rochers dont les parois disparaissaient sous des feuilles entrelacées ; sur ma tête, un dôme de verdure à travers lequel pénétrait un vague demi-jour répercuté de branche en branche. Quelle différence entre ces forêts tropicales et nos forêts calmes et symétriques, nos bois taillis surtout, où chaque arbre, meurtri par la cognée, est noué comme un infirme et tord en angoisse ses bras grêles et disgracieux ! Dans les pays aimés du soleil, les arbres géants que la terre nourrit roulent sous leur écorce une séve bien autrement impétueuse, et l'on dirait que d'eux-mêmes le sol, l'eau et le roc se dissolvent pour entrer plus rapidement dans le circuit de la vie végétale. Les cimes sont plus hautes et plus touffues, la couleur des feuilles et des fleurs est plus variée, les parfums sont plus âcres et plus violents, le mystère de la forêt est plus redoutable, et ce n'est pas le repos, c'est l'effroi qu'on respire sous ces ténébreux ombrages.

J'avançais avec précaution, d'un pas religieux et presque tremblant. Des lézards, d'autres reptiles entrevus sur le bord du ruisseau disparaissaient dans le fourré avec un grand bruissement de feuilles ; devant moi s'épaississait l'ombre : je m'arrêtais donc et m'assis sur le bord d'un rocher dans lequel l'eau avait creusé une vasque toujours remplie d'écume et de murmures. En me retournant, je voyais, à l'extrémité de la trouée obscure par laquelle j'avais pénétré dans la forêt, le fond d'une petite anse où des flots bleus aux franges argentées venaient mourir sur le sable éblouissant de blancheur. Je restai de longues heures sur ce rocher pendant que don Jorge faisait sa sieste sur la plage, à l'ombre d'un *caracoli*[1], aux vastes branches étendues.

Ma seconde visite fut pour la ville de Porto-Bello, où le capitaine Mouton, revêtu de ses habits de fête, voulait, disait-il, acheter quelques sacs de cacao ; en réalité, il allait tout simplement contèr fleurette à une *señorita*. Quant à moi, je me hâtai de parcourir les rues de Porto-Bello pour y découvrir les traces de la splendeur d'autrefois. Elles se réduisent à bien peu de chose : de misérables huttes couvertes de roseaux ou de feuilles de palmier remplacent les vastes constructions des Espagnols ; çà et là s'élèvent quelques pans de murailles habitées par les serpents et les lézards; les arbres ont introduit leurs racines dans les bastions de la forteresse qui dominait la ville, et bientôt il n'en restera plus pierre sur pierre. La population, composée de nègres et de métis au nombre d'environ huit ou neuf cents, est affreuse de haillons et de saleté et promène orgueilleusement son indolence le long de la plage. Les femmes seules travaillent ; elles pilent le maïs ou rôtissent les bananes pour les repas de leurs seigneurs et maîtres,

---

1. *Anacardium caracoli*, arbre magnifique ayant le port de nos châtaigniers.

remplissent les sacs de cacao, portent sur leurs têtes de lourdes cruches pleines d'eau puisée à une fontaine éloignée. Au lieu de la flottille de galions qui s'assemblait autrefois dans le port, protégée par le canon des forteresses, trois ou quatre goëlettes armées par un négociant de la Jamaïque, le juif Abraham, se balancent paresseusement sur leurs ancres, non loin de petits entrepôts appartenant au même propriétaire. Tous les quinze jours, le bateau à vapeur anglais qui fait le service de Saint-Thomas à Aspinwall entre dans le port, non pour y prendre ou déposer des passagers, mais uniquement pour y renouveler sa provision d'eau.

Avant la construction du chemin de fer de l'isthme, un premier tracé désignait Porto-Bello comme point de départ de la ligne ferrée. Le commerce y aurait trouvé l'avantage inappréciable d'un excellent port, et les ingénieurs n'auraient eu qu'à suivre l'ancienne route des Espagnols, aujourd'hui simple sentier obstrué par les hautes herbes. Toutefois l'insalubrité de Porto-Bello, plus effrayante encore que celle d'Aspinwall, modifia les plans de la compagnie. En effet, à l'est de la ville s'étendent de vastes marécages où l'eau douce et l'eau salée apportent avec le flux et le reflux des plantes en décomposition; des forêts de palétuviers croissent dans le sol mouvant à quelques pas des huttes, et les collines qui se dressent à l'entrée du port empêchent les vents alizés de renouveler l'air corrompu qui pèse sur la ville. Des nuages se forment continuellement au-dessus de ce bassin fermé, visité rarement par les brises, et retombent en pluies journalières. On peut dire que le bassin de Porto-Bello est un cratère toujours fumant de vapeurs et de miasmes.

Le capitaine n'eut terminé qu'à la chute du crépuscule l'emplette importante de trois sacs de cacao, et les étoiles brillaient déjà dans le ciel quand notre canot vint toucher les flancs de la goëlette. Me berçant de l'espoir d'un agréable sommeil qui pourrait compenser l'insomnie de la nuit précédente, je me hâtai de m'envelopper dans une voile étendue sur le pont. A peine avais-je fermé les yeux qu'une forte averse me fit chercher un refuge dans la cale. Dès que le nuage qui nous avait donné cette ondée eut disparu, je sortis de nouveau de mon antre pour me tapir dans un pli de la voile, mais un autre nuage vint bientôt se fondre en eau sur ma tête. Je reconnus qu'il fallait se résigner cette fois encore aux tourments d'une insomnie. Je passai la nuit entière, tantôt chassé du pont par des averses successives et forcé de descendre dans la cale aux odeurs repoussantes, tantôt remontant sur le gaillard humide de pluie et saisissant au vol pour ainsi dire quelques instants d'un sommeil fugitif. Les voix étranges qui sortaient des forêts voisines, surtout les *aboiements* d'une grenouille, qui à elle seule faisait plus de bruit qu'un chien de ferme, contribuèrent singulièrement à me rendre le repos difficile.

Dès le point du jour, le capitaine fit lever l'ancre et larguer les voiles du *Narcisse*. Celui-ci, très-mauvais marcheur, ne se hâta guère de sortir du goulet, d'autant plus que les vents alizés, qui soufflent presque toujours dans ces parages du nord-est au sud-ouest, repoussent vers le port les embarcations qui veulent le quitter. Nous restâmes à louvoyer pendant toute la matinée, renvoyés par le vent d'un promontoire à l'autre. Pour continuer directement notre route, il fallait doubler le rocher de Salmedina ou de Farallon-Sucio, dressant à l'est sa tour abrupte environnée de noirs récifs. Après nous en être éloignés de près d'un mille, toujours une nouvelle bordée nous ramenait près de cette tour formidable, dont les écueils apparaissaient et disparaissaient tour à tour comme des monstres marins se jouant au milieu des vagues bondissantes. Une fois le vent s'engouffra dans les voiles au moment où le capitaine venait de prononcer les mots sacramentels : *Para à virar! Vaya con Dios!* Et la goëlette, se dirigeant rapidement et en droite ligne vers Salmedina, fendit les ondes déjà blanchissantes qui se redressaient à la base du rocher. Le capitaine, le matelot, le mousse et moi-même nous nous efforcions inutilement, appuyés contre la vergue, de vaincre la résistance de la voile, tandis que don Jorge, toujours placide et souriant, laissait errer ses regards sur les agrès de sa goëlette, qui marchait vers une perte inévitable. Un énergique juron du capitaine le fit lever en sursaut : dès qu'il nous eut aidés de son épaule d'athlète, la vergue céda, et *le Narcisse*, rasant les rochers par une grande courbe, dirigea sa bordée vers la pleine mer.

A midi, nous avions enfin doublé le redoutable promontoire, et nous suivions à deux ou trois milles de distance la côte qui prolonge d'une extrémité à l'autre de l'horizon ses immenses forêts, où ne se montre pas une seule clairière. Les montagnes, dont la chaîne uniforme et peu élevée se développe de l'ouest à l'est, semblaient beaucoup plus hautes qu'elles ne le sont en réalité, sans doute à cause du voile de chaudes vapeurs qui frissonnait sur leurs flancs et en grandissait outre mesure les proportions. Nous voyions apparaître, puis disparaître l'une après l'autre, les pointes que ces montagnes projettent dans la mer, Punta-Pescador, Punta-Escondida, Punta-Escribanos, toutes identiquement semblables par leurs forêts touffues et leurs ceintures de mangliers. La mer était calme, la brise enflait à peine les voiles de notre goëlette, et celle-ci fendait péniblement les flots dont l'écume légère allait se perdre en tourbillonnant de chaque côté du sillage. Nous continuâmes ainsi notre course maritime toute la journée, et la nuit nous surprit avant que nous eussions dépassé le cap San-Blas.

Le lendemain matin, nous étions au milieu de l'archipel des Muletas, dont les îles « plus nombreuses que les jours de l'année » parsèment la mer sur une grande étendue. Nous en comptâmes plus de soixante dans un horizon extrêmement restreint par la brume, et à mesure que nous avancions, nous en voyions de nouvelles jaillir du sein des eaux tranquilles. Toutes ces îles basses qui semblent reposer sur la surface d'un lac comme les jardins flottants de Cachemire, sont couvertes de cocotiers dont les semences ont été apportées par les vagues depuis que les Espagnols ont introduit cet arbre sur le continent d'Amérique. Quelques îlots sont tellement petits que leurs cinq ou six cocotiers au panache recourbé les font ressembler à de grands éventails verts déployés au-dessus de l'eau transparente. D'autres, au contraire, occupent une assez grande superficie, et des huttes d'Indiens se groupent çà et là à l'ombre de leurs bosquets ; mais toutes sont presque uniformément rondes ou ovales. L'aéronaute qui le premier contemplera cet archipel du haut de son navire ailé ne pourra s'empêcher de comparer les Muletas à de gigantesques feuilles de nénufar étalées sur la surface à peine ridée d'un marécage.

Quand notre goëlette passait à côté d'un village,

un canot creusé dans un tronc d'arbre se détachait de la rive et se dirigeait vers nous, portant trois ou quatre Indiens. Dès que les rameurs étaient arrivés à la portée de la voix, ils élevaient en l'air leurs avirons pour témoigner de leurs intentions pacifiques et nous envoyaient des salutations dans un mauvais dialecte espagnol; puis, après avoir amarré leur canot au bordage de la goëlette, ils sautaient sur le pont, riaient pour nous égayer et nous bien disposer en leur faveur, et nous offraient d'une voix caressante leurs sacs de cacao, leurs bananes, ou de charmantes petites perruches vertes nichées dans une calebasse, qui se becquetaient et se mordillaient le plus gentiment du monde. En échange, ils acceptaient des pièces de coton, des écheveaux de laine et des monnaies américaines. Ces indigènes, appartenant à la tribu des Indiens de San-Blas, sont de petite taille, forts, trapus, gras; ils ont les joues rebondies, les pommettes saillantes, les cheveux noirs et lustrés, les yeux perçants, souvent entourés de bourrelets de graisse, le teint couleur de brique, mais plus blanc que celui de la plupart des Indiens du continent. Jusqu'à un âge très-avancé, ils ont toujours l'air d'enfants espiègles, et la joie de vivre brille dans leur regard. En voyant leurs îles charmantes éparses sur la mer, leurs huttes tapies sous des bouquets de cocotiers, on se demande presque s'il faut désirer que bientôt des Américains ou des Anglais, pionniers du commerce, viennent exploiter ces forêts de palmiers pour en concasser les noix, les réduire en *koprah*[1], en exprimer l'huile. L'empire de Mammon, déjà si vaste, doit-il s'augmenter de ces îles fortunées, afin que de nouvelles marchandises s'amoncèlent sur les quais de Liverpool et que les coffres-forts des armateurs de New-York s'emplissent encore davantage?

Ces peuplades sont heureuses : le commerce, tel qu'il est compris aujourd'hui, saura-t-il, en échange de leur paix, leur donner autre chose qu'une servitude déguisée, la misère et les joies sauvages puisées dans l'eau-de-vie? Trop souvent déjà, le beau mot de civilisation a servi de prétexte à l'extermination plus ou moins rapide de tribus entières. Attendons pour entraîner celles-ci dans le grand mouvement commercial des peuples que nous puissions leur apporter sur nos bâtiments plus de bonheur, la justice et la vraie liberté!

J'aurais bien voulu suivre les Indiens des Muletas et me faire, au moins pour quelques heures, citoyen de leur république; j'aurais voulu interroger les vieillards assis à la porte des cabanes, voir les femmes s'occuper des travaux domestiques, assister de loin aux amusements des enfants qui se roulent tout nus sur le sable de la plage; mais don Jorge,

1. Morceaux de noix pilées et débarrassées de leur enveloppe.

toujours occupé de sa pêche, me supplia de laisser continuer sa route à l'embarcation dans l'espoir que nombre de poissons se laisseraient séduire par l'appât bondissant dans le sillage. Il ne me resta donc qu'à contempler tristement ces îles à mesure qu'elles disparaissaient l'une après l'autre. Enfin nous glissâmes lentement à côté de la dernière; longtemps nous vîmes ses palmiers s'élever au-dessus de l'eau, semblables à une volée d'oiseaux gigantesques, puis ils s'évanouirent peu à peu, et nous nous trouvâmes en pleine mer des Caraïbes.

La traversée de l'archipel des Muletas à Carthagène dura huit jours, c'est-à-dire que notre goélette, beaucoup moins rapide qu'une tortue de mer, avança d'environ un mille par heure. Cependant nous avions le courant et souvent les brises en notre faveur; mais *le Narcisse* était si lourd de forme, si disloqué dans toutes ses membrures, qu'il marchait à peine plus vite qu'une épave poussée par les flots. A ses voyages de retour, il mettait parfois plus de trois semaines pour atteindre Aspinwall, car il avait alors à vaincre la résistance du remous formé dans le golfe d'Urabà par le grand courant équatorial dont les eaux viennent frapper contre les côtes de l'Amérique centrale, et rejaillissent à droite et à gauche en longeant les rivages. Dans toute autre mer, exposé à de brusques changements de vent et à de violentes rafales, *le Narcisse* n'eût pu entreprendre un seul voyage sans courir le risque de sombrer ; heureusement, au milieu du golfe d'Urabà et sur toutes les côtes de la Nouvelle-Grenade, il n'y a jamais de tempêtes. Les ouragans, qui produisent souvent des effets si désastreux dans les petites et les grandes Antilles, prennent toujours naissance à l'entrée de la mer des Caraïbes, au-dessus du grand courant équatorial, et, développant leur immense tourbillon qui s'élargit sans cesse, vont mourir aux États-Unis ou sur les bancs de Terre-Neuve, après avoir labouré les flots, fracassé les navires, broyé les villages et les forêts; mais dans leur course terrible ils n'effleurent jamais les mers heureuses de la république grenadine. Là, toutes les vagues, ébranlées de proche en proche par les tempêtes des autres climats, se déroulent avec la régularité des ondulations que la chute d'une pierre produit dans un lac. Énormes et se prolongeant parallèlement d'un horizon à l'autre, elles sont poussées d'un souffle toujours égal par le vent alizé, et soulèvent silencieusement les navires sans se briser en écume. Au fond des longues vallées qui les séparent, des poissons ailés, semblables à des oiseaux dans les sillons d'un champ, bondissent par milliers, traversent d'un seul élan la crête des vagues, et vont retomber au delà dans l'eau transparente.

Le septième jour, *le Narcisse* atteignit l'archipel de San-Bernardo, dont les îles, presque toutes basses et boisées comme les Muletas, parsèment la mer au nord du golfe de Morosquillo. La goëlette se fraya péniblement une voie à travers ce dédale d'îles qui projettent dans les détroits des bancs de sable dangereux, et après avoir pendant toute une journée longé la côte de la Nouvelle-Grenade, vint jeter l'ancre dans une petite anse de l'île Barù, non loin de Boca-Chica, l'entrée de la rade de Carthagène. Le capitaine ne comptait pas assez sur son habileté pour essayer de guider sa goëlette rétive entre les écueils de la passe, et pour ma part j'étais enchanté d'attendre jusqu'au lendemain pour bien voir les ruines de cet autre Sébastopol, si formidable au temps de la puissance espagnole.

III

CARTHAGÈNE DES INDES. — LA POPA. — LA FÊTE.

Au lever du soleil, *le Narcisse* entrait, vent arrière, dans le chenal de Boca-Chica (Bouche-Étroite), large à peine de quelques brasses, et cependant assez profond pour admettre les plus forts navires de guerre. De chaque côté, on distingue les rochers aigus qui parsèment le fond de l'eau blanchissante ; à mesure qu'on avance, la ceinture de récifs se resserre autour du chenal tortueux, des brisants se montrent dans toutes les directions : on ne peut s'empêcher de frémir en rasant de si près les écueils. A quelques mètres de distance, sur la gauche, au pied d'un promontoire de l'île de Tierra-Bomba, s'élèvent les murailles blanches d'un fort aujourd'hui couvert d'arbustes et de ronces ; à droite, sur un îlot de rochers jaunâtres environné de récifs, une citadelle minée par les vagues déploie au-dessus des brisants la longue ligne de ses bastions aux embrasures vides; dans le lointain, à l'extrémité de l'île Barù, toute verte de mangliers, apparaissent les ruines d'un autre fort également vaste. Telle était la première ligne de fortifications qui protégeait l'entrée du port de Carthagène; au dernier siècle, elle fut forcée par l'amiral Vernon, à qui, mieux défendue, elle pouvait opposer une insurmontable résistance. Il est vrai que cet amiral échoua devant la seconde ligne des forts, et que sept mille Anglais payèrent de leur vie cette audacieuse tentative.

Après avoir louvoyé pendant quelques minutes, nous entrâmes dans la rade de Carthagène, dont les eaux tranquilles ont une superficie de 18 milles carrés. Complétement abritée du côté de la mer : au sud par l'île de Barù, à l'ouest par l'île de Tierra-Bomba, des récifs et des bancs de sable, au nord par l'archipel sur lequel est construite la ville de Carthagène, cette rade se développe en un magnifique demi-cercle pénétrant au loin dans l'intérieur des terres. Elle pourrait contenir des flottes; je n'y vis que de misérables canots. Sur les collines, où j'espérais distinguer quelques traces du travail de l'homme, je n'aperçus que des fourrés interrompus çà et là par des clairières au sol rouge et infertile;

deux ou trois villages d'Indiens groupaient en désordre sur le bord de l'eau leurs toits recouverts de feuilles. Enfin *le Narcisse* doubla la pointe orientale de Tierra-Bomba, sur laquelle sont construites les cabanes de Loro, village habité seulement par de pauvres lépreux, et devant nos yeux apparut tout à coup la vieille cité qui jadis se nommait avec orgueil la *Reine des Indes*.

Magnifiquement assise sur des îles qui regardent d'un côté la haute mer et de l'autre l'ensemble des lagunes intérieures qui forment le port, entourée d'une ceinture de cocotiers, Carthagène semble s'endormir, — hélas! et ne s'endort que trop,— à l'ombre de la Popa, colline abrupte qui la domine à l'est. Deux grandes églises dont les nefs et les clochers dépassent de beaucoup le reste de la ville se regardent l'une l'autre comme des lions couchés, et la longue ligne des remparts s'étend à perte de vue autour du port et sur les rivages de la mer. De près, la scène change : les plantes grimpantes tapissent les murailles, où se promènent de rares factionnaires ; de grandes pierres tombées des créneaux forment des récifs sur lesquels la vague vient se briser ; quelques débris d'embarcations pourrissent sur la plage du port, où flottent de rares goëlettes ; à travers les fenêtres des grands édifices aux toits effondrés, on aperçoit les nuages ou le bleu du ciel. L'ensemble de cette ville à demi ruinée forme un tableau à la fois admirable et douloureux, et je ne pus me défendre d'une émotion profonde en contemplant ces tristes restes d'une splendeur passée.

Le matelot laissa tomber l'ancre du *Narcisse*, et je descendis dans le canot avec le capitaine. Quant à don Jorge, il ne s'était pas même levé pour regarder la ville. Le placement de sa cargaison de cacao semblait l'inquiéter fort peu, sa seule occupation était en ce moment de rester à l'ombre précaire du grand mât afin de continuer sa sieste commencée, sans courir le risque d'être brusquement réveillé par les rayons brûlants du soleil; il eut cependant la force de me faire un signe de tête en guise d'adieu, puis il se retourna sur le flanc et s'endormit.

Quelques coups de rame suffirent pour nous amener aux degrés de pierre scellés à la base de la muraille, et je pénétrai bientôt dans la ville par une poterne obscure pratiquée au milieu du rempart. La première scène dont je fus le témoin en mettant le pied sur le pavé de Carthagène redoubla la tristesse que m'avait inspirée la vue des édifices ruinés. Sur une place entourée de maisons noires à hautes arcades, deux hommes aux cheveux lisses, au regard fauve, au teint de couleur indécise, s'étaient saisis par les lambeaux flottants de leurs *ruanas* [1], dégainaient en vociférant leurs terribles

---

1. Vêtement analogue au *poncho* mexicain : c'est une couverture percée d'un trou au milieu pour laisser passer la tête.

machetes[1], et tâchaient de se pourfendre. Tout autour s'agitait confusément une foule sale et avinée: les uns hurlaient en fureur: *Matalo! matalo!* (tue-le! tue-le!); les autres faisaient dévier les coups de machete en retenant les bras des combattants. Pendant quelques minutes, je vis passer en se débattant ce tourbillon d'hommes au-dessus duquel les lames luisantes des sabres s'élevaient et s'abaissaient tour à tour. A la fin, on parvint à séparer les deux lutteurs, et, suivis de leurs partisans, ils allèrent chacun de son côté dans quelque *tienda*[2], où ils se vouèrent l'un l'autre, la bouteille en main, à tous les démons de l'enfer. Les femmes qui s'étaient mises aux fenêtres pour voir la rixe, se retirèrent dans leurs appartements et la foule des spectateurs assemblés sous les arcades se dispersa. Je demandai la cause du tumulte: *Es la fiesta!* (c'est la fête!) me répondit-on avec un haussement d'épaules.

Quand une ville est en décadence, on dirait que les habitants eux-mêmes participent au dépérissement des choses. Tout vieillit à la fois, hommes et édifices; les météores et les maladies travaillent de concert à leur œuvre. Dans les rues sonores, que termine au loin la masse sombre des remparts et que bordent des couvents lézardés, de hautes églises aux murailles obliques, je voyais passer des boi-

---

1. Sabre recourbé.
2. Boutique, taverne, débit de vin et d'eau-de-vie.

teux, des borgnes, des lépreux, des infirmes de toute espèce ; jamais je n'avais vu tant d'écloppés à la fois. Certains carrefours me présentaient l'aspect d'une cour des miracles. Quand le commerce ou l'industrie abandonne une ville, une grande partie de la population se trouve déclassée et privée de but dans la vie ; elle s'agite encore pendant quelque temps à la recherche de nouvelles occupations, puis elle finit par tomber dans le vice et s'abrutit au physique aussi bien qu'au moral. Tel est le malheur qui a frappé la noble Carthagène des Indes. Je pensais involontairement à ces ports où pendant les heures de marée bondissent les vagues, entrent les navires à voiles déployées, circulent incessamment les barques portant des matelots joyeux : tout y est alors animation et vie, mais vienne la basse mer, il n'y restera plus que des vases fétides où grouillent des vers à la recherche d'affreux débris.

Il y a deux cents ans, Carthagène servait d'entrepôt au commerce des îles Philippines et du Pérou et monopolisait en entier celui de l'Amérique centrale et de la Nouvelle-Grenade. Alors tout grand port marchand devait être en même temps un port de guerre, surtout dans une mer comme celle des Caraïbes, où chaque vague portait un pirate. De tous les points de la côte d'où l'on peut exporter en Europe les produits du bassin du Magdalena, un par excellence, Carthagène, est facile à défendre, et pour cette raison, le gouvernement espagnol lui avait donné le monopole des échanges sur une longueur de 3000 kilomètres de rivages. Depuis, les choses ont changé, les colonies espagnoles se sont détachées de la mère patrie, des ports libres se sont ouverts au commerce du monde sur toutes les côtes de la mer des Caraïbes et du golfe du Mexique, la paix est devenue l'état normal des nations, et il a été permis d'échanger des marchandises ailleurs que sous la gueule des canons. Aussi la prospérité factice de Carthagène, qui reposait sur le monopole, s'évanouit avec la liberté; la population, de plus en plus misérable, diminua des deux tiers, et maintenant elle n'atteint pas même au chiffre de dix mille âmes. Il y a quelques années, le congrès grenadin, dans le louable désir de faire revivre le commerce de la cité déchue, a passé une loi exemptant des droits de douane tous les navires qui importent des marchandises à Carthagène. Le gouvernement a donc rétabli le monopole sous une forme déguisée, car dans tous les autres ports de la république les droits s'élèvent en moyenne à 25 pour 100. Les défenseurs de la loi soutenaient qu'il fallait donner cette récompense à la fille aînée de la liberté, à la ville qui la première avait secoué le joug de l'Espagne; mais au nom de la liberté, n'eût-il pas été plus juste de maintenir tous les ports dans le droit commun, et d'y abaisser uniformément les tarifs d'importation? Ce n'est pas sur le privilége que Carthagène pourra jamais fonder une prospérité sérieuse.

Cependant il est inévitable que l'antique reine des Indes se relève de ses ruines, car sa position géographique est admirable. Assise sur le bord d'une mer sans orages, située à peu près à égale distance du golfe de Darien, où se jette l'Atrato, et du Rio-Magdalena, elle servira nécessairement tôt ou tard d'intermédiaire commercial entre les bassins de ces deux puissants fleuves; elle n'est séparée d'Aspinwall et des autres ports de l'isthme que par la largeur d'un golfe étroit, et peut communiquer avec ces divers points plus rapidement que toutes les autres villes de la république; sa rade est l'une des plus belles du monde entier, et l'on pourrait très-facilement y creuser des bassins à flot et des bassins de carénage, nécessaires aujourd'hui dans tous les grands ports de commerce. L'entrée de Boca-Chica est trop étroite peut-être; mais pourquoi ne pas nettoyer Boca-Grande, large bras de mer, qui sépare de l'île Tierra-Bomba la pointe sablonneuse de Carthagène? Avant 1760, époque à laquelle le gouvernement espagnol, en guerre avec les Anglais, fit obstruer ce détroit de pierres et de sable, il offrait un chenal assez profond pour les plus grands navires. Qu'on le creuse de nouveau afin d'épargner aux embarcations le détour et les dangers de l'entrée par Boca-Chica, et Carthagène aura peu d'égales dans le monde comme situation commerciale.

A l'avantage de posséder un port de mer admirable, Carthagène joint celui de pouvoir acquérir quand elle le voudra un excellent port de rivière. Un ancien bras du Rio-Magdalena, se détachant de ce fleuve près de la ville de Calamar, à 150 kilomètres en amont de l'embouchure, allait jadis chercher une voie plus courte vers la mer, et se déversait au village de Pasacaballos dans la rade même de Carthagène. Plusieurs compagnies, dont une anglo-américaine, se sont formées l'une après l'autre pour élargir et approfondir ce canal ou *dique*, en partie oblitéré. Déjà de petits bateaux à vapeur ont pénétré par cette voie dans le Rio-Magdalena; faute d'argent l'entreprise n'a pas encore été menée à bonne fin, mais elle ne peut manquer d'être tôt ou tard renouvelée; alors l'artère centrale de la république grenadine sera en communication constante par la vapeur avec le meilleur port des côtes. C'est à des ressources naturelles de ce genre que des citoyens énergiques doivent faire appel pour relever la ville et pouvoir lui donner le titre de capitale sans ironie ou sans ridicule vanité. Depuis que la Nouvelle-Grenade s'est constituée en république fédérale, Carthagène est devenue le siége du gouvernement de l'état de Bolivar, grand comme dix de nos départements français; mais la prépondérance politique de la nouvelle capitale ne lui assurera qu'une vie factice, si le commerce et l'industrie ne se relèvent pas en même temps.

La cathédrale est le principal édifice de Carthagène, mais elle n'offre que des restes de sa splendeur passée. Sa haute tour menaçante est noire et lézardée comme le donjon d'un château fort d'Europe, les pierres tumulaires qui forment le pavé de sa nef sont disjointes et les inscriptions effacées. Seule, la chaire, plaquée de marbres en mosaïque et décorée de figurines en ivoire, est encore parfaitement conservée. Cette œuvre d'un sculpteur italien, offre de charmants détails : c'est l'un des très-rares objets d'art que l'on rencontre dans le Nouveau Monde. Moi qui venais des États-Unis, ce pays où par amour de l'art on blanchit les arbres jusqu'à hauteur d'homme, je n'avais pas le droit de me montrer difficile, et je me sentis vraiment ému à la vue de ces charmantes figurines.

De même que la cathédrale, les autres édifices publics de Carthagène, couvents, hôpitaux, églises, sont extrêmement vastes et occupent en étendue une grande partie de la ville; mais ils s'écroulent, et, comme toutes les ruines, ils gagnent à être vus à distance. Leur majestueuse beauté consiste surtout dans l'harmonie de leurs contours avec l'horizon qui les ceint de ses flots et de ses rivages, avec le ciel qui les recouvre de son dôme infini. Aussi me hâtai-je de monter sur les remparts, d'où je pouvais en même temps contempler la mer et voir la cité sous son aspect le plus pittoresque. Les murs, peu élevés et larges de plusieurs mètres, offrent autour de la ville une belle promenade pavée de longues dalles de pierre. Ils sont encore solides comme autrefois, et la mer, qui en ronge lentement la base, en a détaché quelques blocs à peine ; mais les canons qui passaient leurs gueules à travers les embrasures ont disparu. Le gouvernement de la Nouvelle-Grenade, trop faible aujourd'hui pour défendre sérieusement ses ports de mer, a eu le bon sens de vendre les poudres et les canons de Carthagène à un industriel yankee pour une somme ronde de 120 000 piastres, et il a fait couper en morceaux les affûts, pour les distribuer aux pauvres comme bois de cuisine. Plût aux peuples que pareille mesure fût prise dans tous les pays du monde! Lorsque les nations cesseront de guerroyer entre elles et formeront une perpétuelle alliance, la république grenadine pourra revendiquer l'honneur d'avoir la première licencié son armée et démoli ses forteresses.

Après avoir fait le tour de la cité, je me dirigeai vers la Popa, dont la masse abrupte domine le petit archipel de Carthagène. Je me frayai un chemin à travers les groupes d'Indiens, de métis et de noirs qui stationnaient devant les *tiendas* en l'honneur de la fête, et, prenant pour guides quelques mulets fiers de porter leurs selles vides et leurs housses rouges, j'atteignis en quelques minutes le sommet de la Popa. A mes pieds se dressaient les tours, les hautes murailles, les terrasses de la citadelle couvertes d'arbres et semblables à des jardins suspendus ; à travers le feuillage des cocotiers qui frangent le pourtour de ces terrasses apparaissait l'eau tranquille du port et de ses canaux ; plus loin, la ville emprisonnée dans ses remparts massifs élevait les clochers et les façades à jour de ses couvents ruinés, et se dessinait en noir sur le vaste demi-cercle de la mer resplendissant aux rayons du soleil couchant. Les îles et le continent offraient le contraste le plus absolu : d'un côté, les îlots épars au milieu de la rade ressemblaient à des forêts flottantes détachées d'un paradis terrestre ; de l'autre côté, se prolongeait une chaîne de collines rougeâtres n'offrant nulle part cette fougue de végétation qui donne à la nature tropicale une si merveilleuse grandeur : on eût dit que la longue traînée d'écume qui borde le rivage séparait deux zones l'une de l'autre.

Il était nuit quand je me retrouvai sur la grande place de Carthagène. Le palais de la *gobernacion* était brillamment illuminé ; des musiciens, montés sur une estrade, soufflaient du cor, du trombonne, du fifre, raclaient du violon, de la contre-basse, avec un entrain féroce ; la place entière était transformée en une vaste salle de danse et de jeu. Des hommes et des femmes, étroitement enlacés, se mouvaient en une immense ronde, entraînés par cette danse, si répandue dans l'Amérique espagnole, qui consiste à glisser imperceptiblement sur le sol en agitant les hanches. On ne voit pas le mouvement des pieds, mais seulement la torsion fébrile des corps noués l'un à l'autre; on dirait que la terre elle-même tourne sous les groupes convulsifs, tant ils avancent silencieusement, emportés par une force invisible. J'éprouvais une espèce de terreur en voyant lentement passer sous les lumières tremblotantes attachées aux piliers ces corps haletants et renversés en arrière, ces figures noires, jaunes ou bariolées, toutes secouant sur leurs fronts des cheveux en désordre, toutes illuminées d'un regard étincelant et fixe : c'était une danse démoniaque, un sabbat infernal. De longues rangées de tables de jeu couvertes de cartes souillées par un long usage dans les tavernes s'étendaient autour de la place; elles étaient incessamment assiégées par des hommes, des femmes et des enfants, qui venaient y perdre à l'envi leurs *cuartillos* et leurs *pesetas.* Un tumulte effroyable s'élevait à chaque coup malheureux, les malédictions, les menaces terribles se croisaient; cependant je ne vis nulle part reluire l'acier des machetes.

L'air était suffocant et chargé de chaudes émanations. Pouvant à peine respirer, je me dégageai de la foule et m'enfuis sur les remparts solitaires. Quel soudain contraste entre les hommes et la nature! De longs reflets s'agitaient sur les eaux et mouraient autour des bancs du sable, quelques palmiers s'inclinaient çà et là sur les promontoires, la lune brillait à travers les lézardes des tours chancelantes, les collines dessinaient sur le ciel leurs profils lointains, les échos de la place s'évanouissaient comme un vain bruit sans troubler la solennité de l'ensemble. La lente respiration de la mer scandait la nature, pour ainsi dire, et donnait un rhythme lugubre à la poésie des ruines et de la nuit.

IV

LE CAPITAINE DE PAPIER. — SAVANILLA. —
LE BONGO. — BARRANQUILLA.

Je n'ignorais point que tout voyageur débarqué à Carthagène, doit avoir le temps de visiter le village indien de Turbaco et le célèbre volcan de boue décrit par Humboldt. En outre, mon hôte et mon hôtesse, Allemands qui parlaient toutes les langues, me donnaient mille bonnes raisons pour prolonger mon séjour à la *Fonda du Calamar*. Cependant j'entendis parler d'une excellente goëlette en partance pour Savanilla, et je résolus de saisir cette occasion, qui peut-être ne se fût pas retrouvée de longtemps. Au point du jour, je sautai dans une barque et je fis ramer vigoureusement vers *le Sirio*, dont la carène élégante se balançait au milieu du port. Le marché fut bientôt conclu ; le pilote, qui s'attardait sur le rivage, obéit à l'injonction du porte-voix ; il aborda à son tour, l'ancre fut levée, les voiles déferlèrent, et la goëlette tourna le cap vers Boca-Chica. En moins d'une heure, *le Sirio* était dans la passe ; le pilote, debout à la barre, donnait ses ordres d'une voix brève ; les matelots, prêts à lui obéir, se suspendaient aux cordages ; à chaque bordée, le taille-lames effleurait presque les rochers, mais sous l'impulsion du gouvernail et de la voile il se retournait brusquement et se dirigeait en sens inverse. Enfin la goëlette dépassa la chaîne de récifs, elle mit en panne, et deux matelots, abaissant le canot sur les vagues dansantes, ramenèrent le pilote au rivage.

Le Sirio, construit à Curaçao, avait une marche supérieure et fendait admirablement la mer. En quelques minutes, nous eûmes laissé derrière nous les falaises escarpées de Tierra-Bomba et l'écueil redouté de Salmedina ; puis, longeant la langue de terre sablonneuse qui défend à l'ouest le port de Carthagène, nous revîmes bientôt la ville royale se dressant comme sur un piédestal au-dessus de la longue ligne de ses remparts ; ensuite elle s'éloigna peu à peu et disparut enfin derrière le haut promontoire de Punta-Canoa. Au delà de ce cap se montrèrent vaguement les îles de la Venta et d'Arepá, puis se dressa la péninsule abrupte de Galera

Zamba. Après l'avoir doublée, il ne restait plus au *Sirio* qu'à se diriger en droite ligne vers l'entrée du port de Savanilla.

Cette rapidité de locomotion, la belle tenue de sa goëlette, mirent le capitaine Janssen en bonne humeur, et plus d'une fois il fit circuler parmi ses matelots la bouteille de *chicha*[1]. El señor Janssen, cosmopolite réunissant dans ses veines le sang de toutes les races qui se sont établies dans les Antilles, était un homme bien différent de don Jorge. Comme lui, il respectait les matelots et les traitait en égaux; mais il ne se contentait pas de jouir de la vie telle que la lui présentait le destin : il travaillait constamment et ne se donnait pas un instant de répit. Bien qu'il fût sur une côte souvent visitée par lui, il ne cessait de consulter sa boussole, de suivre sa route sur les cartes marines, de noter ses observations. Quand je le questionnais, il me répondait d'une voix précise et sûre. A voir son front droit, ses sourcils froncés, sa bouche résolue, je ne pouvais douter qu'il n'eût autant d'énergie et plus d'intelligence que ses ancêtres, les écumeurs de la mer des Antilles.

A côté du señor Janssen, un jeune homme, cruellement torturé par le mal de mer, semblait agoniser. Je m'assis près du chevet sur lequel il avait

---

[1]. Eau-de-vie fabriquée avec du jus de canne fermenté.

appuyé sa tête, et je lui donnai quelques soins. Croyant qu'il était passager comme moi, je l'interrogeai sur le but de son voyage.

« *Soy el capitan* (je suis le capitaine), dit-il en m'interrompant d'une voix faible.

— Comment! celui qui consulte la boussole maintenant n'est-il pas le patron ?

— *Si, pero io soy el capitan de papel* (je suis le capitaine de papier). » Et il me montra un certificat timbré et paraphé qui lui donnait en effet le titre de patron. Je ne sais par quelle fiction légale il était ainsi obligé de s'emprisonner à bord d'une goélette où, depuis plusieurs années, il souffrait constamment le martyre, et où son titre officiel ne lui donnait pas même le droit de faire larguer une corde. Le pauvre captif était certainement à plaindre. De temps en temps il tournait mélancoliquement les yeux vers deux ouistitis qui montaient et descendaient dans les agrès ; mais les gambades les plus risibles des deux singes ne réussissaient pas à dérider son visage souffreteux et amaigri. Seulement pendant les repas, il souriait du bout des lèvres en voyant les petits animaux sautiller autour des plats, s'emparer des tasses de café brûlant, s'en coiffer pour absorber plus tôt le liquide, puis se rouler en poussant des gémissements lamentables.

Après huit heures de traversée nous arrivions en face de la vaste embouchure appelée Boca-Ceniza ou

Bouche-Cendre [1], bras principal du Rio-Magdalena, qu'obstruent des bas-fonds et de nombreuses îles basses couvertes de mangliers. Le capitaine se mit à la barre; il fit rapidement louvoyer sa goëlette entre des bancs de sable et l'introduisit dans un chenal dont l'eau verdâtre et chargée de débris végétaux permettait cependant de voir le fond à trois ou quatre mètres au-dessous de la surface. Devant nous, entre une île de palétuviers et les escarpements argileux de la côte, s'étendait une grande lagune où reposaient plusieurs navires à l'ancre : c'était le port de Savanilla. Sachant que ce port est celui qui expédie à l'étranger presque tous les produits de l'agriculture et de l'industrie grenadines, je cherchais des yeux la ville et ses édifices; mais je ne voyais qu'une maison blanche nouvellement construite pour le service de la douane et non encore habitée. Enfin on me fit remarquer au bord de l'eau une longue rangée de huttes couvertes de feuilles de palmier, et se confondant de loin avec le sol rougeâtre sur lequel elles étaient bâties : c'était le village florissant dont le port a hérité du commerce de Carthagène des Indes.

N'étant pas encore habitué à toute espèce de gîte, je frémis en voyant ces huttes misérables. Il s'agissait de reconnaître de loin, parmi ces chétives habi-

---

1. Ainsi nommée à cause de ses atterrissements de sable fin.

tations, celle où je pourrais me faire donner degré ou de force l'hospitalité la plus convenable. Mon choix tomba sur une hutte plus grande que les autres, et remarquable par la verandah qui portait son toit de feuilles. Elle appartenait, me dit-on, au señor Hasselbrinck, consul de Prusse, le seul résident étranger de Savanilla. A peine débarqué sur l'une des petites jetées en bois construites devant le village, j'indiquai la maison du consul au nègre qui se chargea de mes effets, et je le suivis sans m'arrêter devant le poste des douaniers, qui sans doute sommeillaient dans leurs hamacs. Sur la plage se promenait un beau vieillard qu'à ses traits tudesques je reconnus aussitôt pour le consul. Je me dirigeai sans embarras vers sa maison, où j'entrai résolûment, et je reçus bientôt au seuil même de sa porte le propriétaire ébahi, que je suppliai dans sa langue maternelle de vouloir bien excuser mon audace. Ces quelques mots allemands suffirent pour dérider l'excellent homme, qui, me prenant les deux mains à la fois me souhaita cordialement la bienvenue : *Mi casa es à la disposicion de Vmd.* Pendant toute la soirée, il m'accabla de prévenances, me donna gracieusement tous les renseignements que je lui demandais, et me fit en retour de nombreuses questions sur l'Europe qu'il avait quittée depuis l'an de grâce 1829, mais à temps encore pour aller de Stockport à Portarlington par le seul chemin de fer à locomotives qui existât alors en Europe. Le pauvre vieillard s'émerveillait encore au souvenir de ce voyage, et disait pouvoir mourir en paix puisqu'il avait vu ce triomphe de la civilisation moderne. Quand vint l'heure du repos, il fit établir nos deux plians à côté l'un de l'autre, afin de pouvoir prolonger la conversation et m'entendre parler des progrès accomplis en Europe et en Amérique depuis 1830. Le lendemain matin, il s'occupa lui-même de me procurer une embarcation pour Barranquilla, et je partis muni d'une lettre d'introduction adressée à son fils, agent de la compagnie anglaise des bateaux à vapeur du Rio-Magdalena.

Le village de Savanilla ne doit son existence qu'au voisinage de l'embouchure principale du fleuve, avec laquelle son port communique par les marécages du delta. La barre n'ayant guère plus d'un mètre de profondeur, toutes les denrées des provinces riveraines, le tabac, l'écorce de quinquina, le café, doivent être déposées en amont de l'embouchure dans les magasins de Barranquilla, et de là être péniblement transportées par d'étroits canaux jusqu'au port de Savanilla, où on les recharge à bord de navires calant moins de quatre mètres d'eau. Quand la république néo-grenadine, devenue plus riche et plus entreprenante, s'occupera de l'amélioration de ce port, elle aura de très-grands travaux à faire exécuter, car les sables d'une bouche du Magdalena, appelée Boca-Culebra ou Bouche-Serpent, s'accumulent à l'entrée, et, sous l'impulsion des vents alizés et des vagues, avancent continuellement du côté de l'ouest. En attendant, il serait relativement facile de construire un chemin de fer entre Barranquilla et son port, ou, mieux encore, d'utiliser les bouches marécageuses du fleuve en y creusant un canal assez profond pour permettre aux plus grands bateaux à vapeur du haut Magdalena d'aller accoster les navires jusque dans la rade ; mais il est probable que les négociants de Barranquilla retarderont longtemps l'exécution de ces projets qui les priveraient des bénéfices réalisés sur le transbordement des marchandises.

L'embarcation que m'avait procurée señor Hasselbrinck était un grand *bongo*, espèce de chaland aux membrures mal équarries et ponté de la proue à un mètre de l'arrière. Quatre *sambos*[1] athlétiques et demi nus, deux de chaque côté, se tenant debout sur le pont et tournant le dos à l'avant, appuyaient leurs épaules gauches couvertes de callosités sur de longues perches dont le bout reposait au fond de l'eau. Dès que le signal du départ fut donné par un claquement de main, ils pe-

---

1. Le nom de *sambo* ne devrait s'employer que pour les hommes de couleur issus de nègres et de mulâtres ; mais dans la Nouvelle-Grenade on applique indistinctement ce nom à tous les hommes de peau noirs ou de sang mêlé.

sèrent de tout leur poids sur les perches, et, poussant en mesure les cris de *Jesus! Jesus!* s'élancèrent au pas gymnastique de l'avant à l'arrière du bongo, puis ils revinrent lentement vers la proue, répétant toujours *Jesus! Jesus!* et prirent un nouvel élan. Poussé par ces quatre épaules vigoureuses, le lourd bongo fendit rapidement l'eau verdâtre du port, et en peu d'instants nous vîmes disparaître les huttes de Savanilla et la jetée où se tenait mon hôte, m'envoyant des saluts.

Nous voguâmes ainsi pendant plus d'une heure sur une baie d'eau salée aux bords ombragés par de petits mangliers, qui de loin ressemblaient à nos saules d'Europe. Après avoir dépassé de misérables cabanes, appelées Playon-Grande, le bongo, cessant de longer le rivage de la baie, fit un détour soudain vers le nord, et le paysage changea brusquement d'aspect. Nous étions sur l'eau jaunâtre des marais, à l'entrée du Caño-Hondo[2]. Des roseaux gigantesques dardaient autour de nous leurs tiges pressées se terminant en ombelles, en aigrettes, en panaches; presque partout la surface de l'eau était cachée par de larges feuilles de toute forme et de toute couleur, disparaissant elles-mêmes sous les fleurs qui venaient s'épanouir au-dessus d'elles;

---

1. Les *caños*, en tout semblables aux *bayous* de la Louisiane, sont les canaux d'eau dormante qui font communiquer les bras d'un fleuve avec la mer.

plusieurs couches de végétation s'entassaient les unes sur les autres, et dans le sillage étroit laissé derrière le bongo, l'eau épaisse, obstruée par de longues herbes flottantes, apparaissait toute saturée de germes. Des oiseaux pêcheurs s'abattaient par bandes au milieu des roseaux, et dans le lointain s'arrondissait un vaste horizon de grands arbres.

C'est là, dans ce marécage sur lequel pesait une chaude et fétide atmosphère, que les sambos firent halte pour le déjeuner. Ils tirèrent d'une besace quelques *yuccas*[1] cuites sous la cendre, des restes de poisson, une bouteille de chicha, et, faisant passer la calebasse à la ronde, ils m'invitèrent généreusement à partager leur frugal repas. J'acceptai, mais j'avoue que l'appétit m'abandonna tout à coup, lorsque je vis l'un de mes amphitryons retourner du bout de sa perche les poissons morts qui surnageaient en grand nombre dans le sillage; rejetant avec dédain ceux dont la tête était déjà zébrée de lignes jaunes, il pêcha les autres au moyen d'un petit harpon, et les mit soigneusement en réserve pour le dîner.

Le festin achevé, les sambos s'appuyèrent de nouveau sur leurs perches, et recommençant leur cantilène, réussirent à frayer une voie au bongo à travers les roseaux et les plantes aquatiques de toute

---

1. *Yucca*, racine du manioc, *jatropha manihot*.

espèce qui obstruaient l'entrée du Caño-Hondo. Ce canal, s'étendant en droite ligne sous la forêt comme une large avenue, est profond de plus de six mètres; les perches des sambos pouvaient à peine en atteindre la vase; heureusement l'eau, soulevée par un dernier effort de la marée, était animée d'un léger courant et poussait le bongo devant elle. Les grands arbres rejoignaient leurs cimes touffues au-dessus de nos têtes; de longues lianes vertes, suspendues aux branches, trempaient dans l'eau du courant et se balançaient mollement au gré de chaque remous; des roseaux, des feuillages et des fleurs, arrêtés par les racines des arbres sur les bords du *caño*, oscillaient lentement comme des îles fleuries. Les vautours, perchés sur les troncs pourris, nous regardaient passer, fixant sur nous un œil dédaigneux. A l'avant du bongo, les quatre athlètes dessinaient leurs formes musculeuses sur le vert sombre de la forêt. Parfois un rayon de soleil descendu de la voûte recouvrait les eaux, les lianes et les troncs d'arbres de son éblouissante lumière.

Après le Caño-Hondo, notre embarcation traversa des marécages dont l'eau est tellement chargée de débris végétaux, qu'en certains endroits elle est devenue une vase fluide où les bateaux creusent de noirs sillons, en soulevant des bouffées d'une odeur pestilentielle; puis vinrent d'autres marigots aux bords fangeux, où seuls les crocodiles et les tortues peuvent se hasarder sans crainte, où l'homme laissé sans secours, ne voyant autour de lui que l'eau, la fange et les reptiles, serait immédiatement frappé de désespoir. Cette nature inhospitalière me faisait frémir, et je désirais avec impatience respirer un air moins chargé de miasmes funestes, apercevoir une motte de terre sur laquelle je pourrais mettre le pied en sûreté. Enfin nous entrâmes dans un étroit canal creusé de main d'homme à travers un terrain élevé de quelques pouces au-dessus de la ligne des inondations; aussitôt il me sembla que l'air devenait plus pur, et je me sentis guéri de la fièvre qui avait perfidement commencé à se glisser dans mon sang.

Il fallut cependant renoncer à poursuivre ma route dans le bongo qui me portait. Un incident fort imprévu vint me forcer de recourir à un autre moyen de locomotion. A l'un de ses nombreux détours, le nouveau canal où nous étions entrés se trouva complétement obstrué par une énorme chaudière, envoyée de Liverpool pour un des bateaux à vapeur en construction à Barranquila. Chargée sur un bongo consolidé intérieurement par d'énormes madriers, elle avait dû, comme nous, suivre la voie détournée des marécages; mais elle était depuis plusieurs jours en route et ne devait probablement pas arriver de longtemps. Autant l'aspect de Savanilla m'avait douloureusement surpris, autant je me sentis heureux de cette rencontre inopinée qui mettait dans un contraste si frappant la nature encore livrée aux forces désordonnées du chaos et la victorieuse industrie qui fait de la terre une esclave obéissante. Jamais on ne put mieux appliquer la parole du poëte : « Ceci tuera cela! » qu'à cette lourde et immobile caisse de fer échouée dans un canal vaseux au milieu des immenses marais.

Mes quatre sambos parlementaient de leur mieux avec leurs amis installés sur la chaudière, mais leur éloquence fut inutile, car le bateau qui nous barrait le chemin était bien et dûment échoué; pour le dégager, il fallait attendre du renfort ou même une crue du Magdalena. J'eus bientôt pris mon parti. Pendant que mes compagnons s'installaient sur le rivage et mangeaient les poissons si étrangement pêchés dans la matinée, je sautai dans un tronc d'arbre creusé qui appartenait à un petit Indien venu pour offrir des vivres à l'équipage de la chaudière et je lui dis de ramer vigoureusement vers le fleuve. Celui-ci était beaucoup plus rapproché que je ne l'espérais, et en moins d'une demi-heure la barque où j'avais pris passage se trouvait lancée sur le vaste sein du Magdalena.

Dans l'Amérique méridionale, le Magdalena ne le cède en importance qu'au fleuve des Amazones, à l'Orénoque et à la Plata ; mais je ne voyais pas là ce puissant cours d'eau tout entier : je n'avais sous les yeux que l'un de ses bras, le Rio-Ceniza, dont les eaux se déversent dans la mer à quelques kilomètres plus à l'ouest. Ce bras, beaucoup plus large que nos cours d'eau de l'Europe occidentale, égale presque le Mississipi : comme lui, il est bordé de grands arbres au sombre feuillage ; seulement on n'aperçoit çà et là sur ses rives que de rares huttes entourées de palmiers et de bananiers. L'eau frissonnante sous le vent et coupée de vagues courtes et rapides, semble moins profonde que celle du grand fleuve de l'Amérique du Nord : mais elle est également chargée d'alluvions, et l'on ne peut y distinguer les crocodiles que lorsque ces monstres laissent flotter à la surface leur énorme tête à dents de scie. Je vis plusieurs de ces animaux plonger en toute hâte quand s'approchait notre esquif, incliné sous sa voile et fendant gaillardement les flots. Dans le canal qui mène à Barranquilla, les crocodiles se montrèrent bien plus nombreux encore : le cadavre déjà putréfié de l'un de ces gigantesques reptiles tournoyait au milieu d'un remous entre des troncs d'arbres échoués, dont chacun portait son vautour au long cou avidement tendu. Dans le port même de Barranquilla, j'aperçus des baigneurs s'enfuyant de côté et d'autre pour éviter le voisinage incommode d'un terrible visiteur attiré par leurs ébats.

A mesure que nous approchions de Barranquilla, mon attention changeait de but, et bientôt je n'eus plus de regards que pour la ville, dont les longues rangées de maisons blanches apparaissaient au-dessus des berges argileuses. De petits bassins à flot creusés sur la rive du canal et remplis de bongos, de *lanchas*, de *canoas*; des chantiers de construction couverts de toits en feuilles de palmier, des entrepôts où des Indiens et des noirs entassaient des denrées de toute espèce, des jetées auxquelles étaient amarrés des bateaux à vapeur, des carènes en fer battues sans relâche par le marteau de centaines d'ouvriers : tout annonçait une ville commerçante semblable à celles de l'Europe et des États-Unis. Sur le quai de la grande place où je débarquai, même animation que dans le port : des matelots allant incessamment des bongos aux magasins pour y déposer les barils et les boucauts, des femmes portant sur leur tête des corbeilles de bananes ou d'autres fruits, des marchands installés devant de petites tables et criant leurs denrées. Au milieu de la foule affairée circulaient des gamins à demi nus apostrophant les étrangers par des jurons anglais prononcés avec une remarquable perfection.

Barranquilla, bâtie sur la rive gauche de l'une des nombreuses ramifications du Rio-Magdalena, ne date que d'hier pour ainsi dire; mais ses progrès ne peuvent être comparés qu'à ceux d'une ville des États-Unis, tant ils ont été rapides. On n'y voit que des échafaudages, des briques et du mortier. Elle dépasse déjà Carthagène par le nombre de ses habitants, si l'on tient compte en même temps de la population flottante ; en outre, l'ancienne ville de Soledad, située à quelques kilomètres en amont sur le bord du fleuve, peut être considérée comme un simple faubourg de Barranquilla, car ses habitants vivent uniquement des industries diverses que leur procure le voisinage de la grande ville naissante, vraie capitale commerciale de l'État de Bolivar. De tous les côtés, Barranquilla projette dans la campagne ses rues tirées au cordeau et coupées à angles droits, mais bordées pour la plupart de huttes et de jardins où se groupent le cocotier et la *papaya*[1], semblable à une herbe gigantesque. Les maisons en pierre et à péristyle s'élèvent toutes dans le voisinage du port et autour de la grande place. Quant à la plaine environnante, elle n'offre rien de pittoresque : le sol d'argile rouge, mêlée de veines de sable, en est peu fertile, si ce n'est dans les dépressions marécageuses.

L'importance de Barranquilla est due presque tout entière aux commerçants étrangers, anglais, américains, allemands, hollandais, qui s'y sont établis dans les dernières années ; ils en ont fait le principal centre des échanges avec l'intérieur et le marché le plus considérable de la Nouvelle-Grenade ;

---

1. *Carica papaya.*

les indigènes, moins poussés par l'aiguillon de la fortune et non encore initiés aux secrets de la spéculation, ont été pour très-peu de chose dans les progrès de cet *emporium* du Magdalena. Lors de mon passage, il y avait dix bateaux à vapeur à flot ou en construction sur le fleuve : cinq anglais, trois américains, un allemand, et un seul appartenant à une compagnie anglo-grenadine, que gérait M. Hasselbrinck, le fils du consul prussien de Savanilla. Ce jeune homme excellent, ancien élève de l'université de Gœttingue et correspondant de l'illustre botaniste Nees von Esenbeck, était un vrai savant dont la carrière naturelle eût été de professer dans une grande cité d'Allemagne ; mais en dépit des affaires de commerce qui l'occupaient, il n'avait point oublié la science, et il avait su grouper autour de lui un grand nombre d'hommes instruits ; il eut la bonté de me présenter à plusieurs d'entre eux, presque tous Grenadins.

En revanche, dans le grand hôtel de Barranquilla, je ne vis guère que des étrangers venus de tous les points du globe et conversant en anglais, cette langue franque de l'univers. Mme Hughes, notre hôtesse, tenait sa maison sur un pied tout européen ; elle avait le tort, il est vrai, de maintenir dans l'hôtel une ridicule étiquette britannique, mais je lui pardonnai en faveur du bon goût qu'elle avait de nous faire dîner dans un patio, sous des arbres couverts de fleurs parfumées autour desquelles les oiseaux-mouches voletaient avec un joyeux susurrement. Le soir, elle faisait installer les pliants sous les arcades qui environnent le jardin, et ceux d'entre nous qui se réveillaient pendant la nuit avaient le plaisir de voir les rayons de la lune ou le vague scintillement de la voie lactée à travers le feuillage tremblant.

V

LES CAÑOS. — LA CIENEGA. — GAÏRA.

Le lendemain de mon arrivée à Barranquilla, je me rendis de bonne heure sur le port dans l'espérance de trouver quelque bongo en partance pour Pueblo-Viejo, village situé au pied de la Sierra-Nevada de Sainte-Marthe. Le seul patron qui se déclara prêt à faire le voyage était un homme de mauvaise mine, et j'étais presque décidé à attendre le bongo de la poste qui devait partir dans trois jours, lorsqu'en levant les yeux au-dessus de l'horizon j'aperçus une ligne bleue faiblement tracée dans l'espace : c'étaient les cimes de cette Sierra-Nevada vers laquelle je voyageais depuis si longtemps et que j'avais choisie pour ma patrie future. Je n'hésitai plus un instant ; je fis porter mes effets sur le *bonguito* qu'on m'offrait ; le patron appela ses deux rameurs, acheta sa provision de bananes et de yuccas et détacha la corde qui retenait au rivage la petite embarcation.

Après avoir péniblement navigué à travers les roseaux de petits *caños,* nous arrivâmes, en amont du delta, sur le fleuve, large de plusieurs kilomètres, et semblable à une mer projetant de grands détroits entre les îles boisées. Les arbres des rives me paraissaient à peine aussi élevés que des saules, et le haut cocotier vers lequel se dirigeait notre bonguito semblait une petite banderole marine flottant en guise de pavillon. Une heure de traversée environ nous conduisit au pied de cet arbre, situé à l'origine même du delta, entre les deux embouchures. Mes rameurs fatigués, et d'ailleurs toujours empressés de faire une sieste, attachèrent la barque à une racine, dévorèrent quelques restes de poisson, et commencèrent à sommeiller. Quant à moi, je me hâtai de quitter leur compagnie gênante, et, m'enfonçant dans une avenue ombragée par de magnifiques manguiers, j'allai m'asseoir sur l'herbe courte, à quelques pas d'une maisonnette en briques, entourée de bananiers. Le feuillage épais ne laissait pénétrer jusqu'à moi qu'une lumière presque crépusculaire ; seulement, à l'extrémité de l'avenue, je voyais briller aux rayons du soleil l'eau jaunâtre du fleuve. Une vache errante me flairait de loin ; deux petites filles à la peau noire, cachées à demi derrière les arbres, examinaient à la dérobée le voyageur qui venait s'endormir à l'ombre de leurs manguiers. L'ensemble du paysage formait un tableau gracieux, et je l'admirais paisiblement sans m'inquiéter de certaines démangeaisons que je ressentais par tout le corps. Peu à peu cependant ces démangeaisons devinrent intolérables, et bientôt je m'aperçus avec terreur que j'étais couvert d'innombrables *garrapatos*[1] verts et rouges, qui buvaient mon sang par des milliers de blessures imperceptibles. Tous les efforts que je fis pour me débarrasser de cette engeance furent vains, et il fallut me livrer sans résistance à ces insectes acharnés, attendant qu'ils voulussent bien se gonfler de sang et se détacher d'eux-mêmes.

Il m'était impossible de rester plus longtemps à l'ombre de ces manguiers perfides, et j'allai secouer mes compagnons, qui se réveillèrent en grommelant et prirent leurs rames de très-mauvaise grâce. Ils partirent cependant, et le mouvement, la brise fraîche qui passait sur le fleuve, le plaisir de voir se dérouler le paysage, calmèrent un peu l'état d'irritation où m'avaient plongé les morsures des garrapatos. Après avoir suivi quelque temps une des rives du fleuve, hérissée de racines et de troncs d'arbres

---

1. Ou *agarrapatos*, ainsi nommés parce qu'ils se cramponnent (*agarrar*) dans les chairs avec leurs pattes armées de vrilles.

entremêlés, le bonguito pénétra tout à coup dans un petit canal dont l'entrée était obstruée par des buissons sur lesquels reposaient d'énormes iguanes enflant et désenflant leur cou. Ce canal, connu sous le nom de Caño-Clarino, a été creusé de main d'homme à travers une levée d'alluvions, et réunit le Magdalena aux immenses marécages que parcourait l'ancienne embouchure de ce fleuve ; il est à peine large comme un de ces fossés qui, dans certaines parties de la France, séparent deux propriétés, et je me donnai plus d'une fois le plaisir enfantin de sauter d'une rive à l'autre par-dessus le bonguito. Deux embarcations ne peuvent s'y croiser, et quand elles s'y rencontrent, il faut que l'une d'elles retourne en arrière jusqu'au fleuve ou jusqu'à la première lagune de l'intérieur. Ce petit désagrément nous arriva : nous avions pénétré dans le canal depuis un quart d'heure déjà, lorsqu'une autre barque nous força de rebrousser chemin et de revenir à l'entrée même du Caño-Clarino.

Vers midi, les rameurs amarrèrent le bonguito pour faire une nouvelle sieste. L'endroit qu'ils choisirent pour aller s'étendre était aussi peu agréable que possible : c'était un bois de mancenilliers que traversaient, dans toutes les directions, des sentiers formés par les bestiaux d'un rancho voisin. Les mancenilliers au maigre feuillage laissaient passer les rayons du soleil dans toute leur force ; mais ils arrêtaient la brise, et l'on ne pouvait respirer au pied de ces grands arbres qu'un air étouffant auquel les marécages des environs mêlaient une odeur fétide. Des nuages de moustiques s'élevaient en bourdonnant autour des troncs ; nulle part il ne croissait un brin d'herbe, et le sol, tout zébré de lumière, était parsemé de fruits pourris ou écrasés. C'est là que s'endormirent paisiblement mes compagnons, tandis que je rôdais çà et là, non pour éviter le sommeil fatal qui d'après les récits poétiques, descend des feuilles du mancenillier, mais pour chercher un peu de répit aux piqûres des moustiques. De temps en temps je ramassais quelques-uns de ces fruits verts dont le parfum est si délicieux, et qui pourtant donnent la mort à celui qui s'en nourrit : image trop fidèle de la nature perfide et enchanteresse des tropiques.

Après avoir longtemps erré dans le bois, je revins près des trois dormeurs, qui ronflaient à l'envi, et j'étudiai tout à l'aise leurs figures. Je dois avouer que ces hommes me causaient une certaine frayeur, et je n'attendais pas sans appréhension la nuit que j'aurais à passer dans leur compagnie, au milieu d'une lagune déserte où les cris d'un homme assassiné n'auraient trouvé d'autre écho que les hurlements des singes *aluates*. Le patron de la barque était un vieux noir à la figure ridée, aux petits yeux ironiques, à la bouche contractée par un rire faux ;

pendant toute la matinée il n'avait cessé de me regarder d'un air triomphant, comme un oiseau de proie qui tient un roitelet dans ses serres. Des deux rameurs, le plus âgé avait la figure d'un gris bleu, couleur indiquant un mélange confus de diverses races ; son front, ses joues étaient rayés de longues cicatrices bordées de blanc, produites sans doute par des coups de machette reçus dans quelque rixe. Pendant qu'il ramait, ses yeux féroces s'étaient souvent fixés sur moi, une fois même je l'avais surpris examinant la serrure de ma malle et en secouant le cadenas. Le troisième, jeune Indien à la taille courte et ramassée, aux jarrets musculeux, au teint rouge, à la figure joufflue, me paraissait moins redoutable que les autres ; il avait même dans le regard une certaine expression de douceur : aussi pris-je la résolution d'en faire mon ami, pour qu'il pût au besoin me défendre contre mes deux autres compagnons de voyage.

Dès que la sieste fut terminée, et que les trois rameurs, après s'être suffisamment étiré les bras, se furent assis dans le bonguito, j'engageai conversation avec l'Indien. Il parut très-flatté de mes égards pour lui, et dix minutes ne s'étaient pas écoulées qu'il me racontait son histoire, et m'avouait naïvement avoir fait deux années de travaux forcés dans le *presidio* de Carthagène pour cause de vol avec effraction. Cette révélation inattendue était peu faite pour me rassurer, mais je n'eus qu'à jeter un regard sur le patron et l'autre rameur pour me convaincre qu'en pareille compagnie je n'avais pas le droit de me montrer difficile. Je continuai donc à converser avec mon nouvel ami, lui donnant sur les Européens et les Yankees des renseignements qu'il écouta bouche béante et avec une respectueuse admiration. Je lui parlai des grandes villes, des longues voitures qui marchent toutes seules sur des tringles de fer, des fils de cuivre qui conversent comme des hommes et se font entendre à cent lieues de distance. Enfin, quand l'Indien fut bien émerveillé, je lui fis part de mes plans. Je lui dis que j'allais me livrer à l'agriculture dans quelque vallée de la Sierra-Nevada, aux environs de Sainte-Marthe.

« *Soy prático de la sierra*, je connais bien la montagne, et je vous conduirai partout ! s'écria-t-il avec joie. Quand vous passerez à Bonda, demandez Zamba Simonguama, et vous verrez si les Indiens ne savent pas donner l'hospitalité comme les Espagnols ! »

Je n'avais plus rien à craindre : devenu l'hôte de Zamba, je pouvais être sûr qu'au besoin il me défendrait jusqu'à la mort.

Aux dernières lueurs du crépuscule, le bonguito jetait l'ancre dans l'eau noire du lac de Cuatro-Horcas, ou Quatre-Fourches, ainsi nommé à cause de quatre caños qui viennent y aboutir. Sous prétexte de faire mes arrangements pour le sommeil de la nuit, je disposai mes effets en travers du bateau de manière à avoir les serrures tournées vers moi, puis je dis à l'Indien de venir s'étendre à mon côté, et je plaçai une rame à la portée de ma main. La lune et la lumière zodiacale brillaient avec une rare intensité et me permettaient de distinguer les moindres mouvements de mes compagnons. La brise du soir soufflait impétueuse et retenait dans les roseaux les moustiques, qui volent ordinairement par myriades sur toutes les étendues d'eau dormante; il ne me fut donc pas difficile de rester la tête découverte et les yeux fixés vers l'autre extrémité du bateau. Les hurlements des singes aluates me tinrent éveillé à tous les instants de la nuit; je m'en félicitai d'autant plus que le rameur à la figure cicatrisée veillait aussi, et de temps en temps dressait silencieusement sa tête pour darder sur moi ses regards perçants. Quant au vieillard, il semblait dormir paisiblement : c'était peut-être à tort que je lui avais attribué des pensées de crime.

La journée suivante, ce furent de nouveaux marais et des canaux tortueux à peu près semblables à ceux que nous avions parcourus la veille, mais d'un caractère plus grandiose, grâce à la magnifique végétation qui en ombrage les bords. Les racines des mangliers, arc-boutées l'une sur l'autre, se rejoignent à cinq ou six mètres au-dessus de la surface de l'eau et forment ainsi de gigantesques trépieds sur lesquels se dressent les troncs lisses comme des mâts de navire. A travers le fouillis de ces innombrables racines aériennes des mangliers apparaissent d'autres arbres croissant dans un sol moins spongieux que celui de la rive. C'est là cette immense et redoutable forêt qui remplit une grande partie du bassin du Magdalena, et se prolonge sans interruption à plus de cent lieues au sud, jusqu'au pied des hauteurs d'Ocaña. Cette forêt a été traversée dans tous les sens par les conquérants espagnols. Aussi combien d'entre eux furent dévorés par les crocodiles et les jaguars! combien noyés dans les marais! combien tués par la fièvre, plus terrible que les flèches empoisonnées des Indiens Cocinas!

Je me souviens d'une halte que nous fîmes sur la péninsule de Salamanca, à l'entrée de la Cienega[1] de Sainte-Marthe, lagune parsemée d'îlots et couvrant une superficie de plus de huit cents kilomètres carrés. A l'est se dressent les escarpements de la Sierra-Nevada comme un formidable rempart appuyé sur d'énormes contre-forts ; de tous les autres côtés s'étendent de vastes forêts croissant dans un sol d'alluvions apportées par le Rio-Magdalena. La péninsule de Salamanca, qui sépare la haute mer de la Cienega, ressemble aux *Nehrungen* de la mer Baltique et à cette remarquable flèche d'Arabat, bai-

---

1. *Cienega,* marais, de *cieno*, fange.

gnée d'un côté par la mer d'Azof, de l'autre par la mer Putride. Comme toutes les péninsules de même nature, celle de Salamanca a été portée à l'entrée du marais par les vagues chargées de débris : le sable s'est déposé graduellement de manière à former un cordon littoral ; puis les vents y ont amoncelé des dunes errantes qui se promènent çà et là, excepté dans les endroits où s'est pendant le cours des siècles élevée une forêt qui leur oppose la barrière infranchissable de ses troncs. Une seule ouverture fait communiquer à travers la flèche de Salamanca les eaux saumâtres et chaudes de la Cienega avec l'eau comparativement plus fraîche de la mer des Antilles.

La plage où nous débarquâmes était ombragée de mancenilliers et de quelques arbres dont les branches pendantes ressemblaient à celles de nos saules pleureurs ; plus de cinquante barques étaient attachées à des racines et se balançaient à côté les unes des autres ; des groupes nombreux de pêcheurs étaient épars çà et là autour de grands feux allumés sur le sable des dunes ; une affreuse odeur de poisson empestait l'atmosphère. Laissant mes effets à la garde de mon nouvel ami Zamba, je m'empressai de traverser les groupes, et montant sur la plus haute dune, j'interrogeai l'horizon pour trouver aussi rapidement que possible mon chemin vers la mer. Je l'atteignis bientôt en me glissant à travers des fourrés de mangliers noirs et d'arbustes épineux. La plage sablonneuse s'étendait à perte de vue en un vaste demi-cercle de l'embouchure de la Cienega à celle du Rio-Magdalena; à l'est apparaissaient les promontoires escarpés de Gaïra et de Sainte-Marthe, dominés par les bleus sommets de la Sierra; devant moi, les vagues, poussées par une forte brise, venaient, hautes et pressées, bondir l'une après l'autre sur le sable. Fatigué comme je l'étais des lagunes d'eau stagnante, des fanges nauséabondes, de l'air tiède et immobile des marais, je respirai avec délices cet air vif, saupoudré de l'écume des vagues.

Quand je revins au campement des pêcheurs, je ne réussis pas, comme la première fois, à éviter les questions, et, malgré moi, je dus m'asseoir sur le sable à côté de plusieurs métis qui faisaient sécher des poissons à la fumée d'un feu de bois vert. Mon ami Zamba avait évidemment chanté mes louanges, car mes interlocuteurs ne manquèrent pas d'entamer tous les sujets sur lesquels avait roulé ma conversation avec l'Indien; il me fallut donc discourir pendant plusieurs heures, parler de Madrid, de Paris et de Londres, causer industrie, sciences et arts. Ces avides questionneurs m'écoutaient avec joie, et moi-même, heureux de trouver des auditeurs si bénévoles, j'oubliai l'odeur limoneuse du poisson et la fumée suffocante pour me donner tout entier au plaisir d'enseigner à des ignorants le peu que je savais. Le plus jeune des pêcheurs, celui qui m'écoutait avec le plus d'intérêt, avait, je ne sais où, entendu parler d'Athènes. Il m'interrompait souvent. « On dit qu'il y a de bien beaux temples à Athènes! On sculpte de belles statues à Athènes! L'université d'Athènes est la plus célèbre du monde entier, n'est-ce pas? Aucune langue n'est aussi belle que le *latin* d'Athènes? » Chose étrange que cet écho lointain de la Grèce sur les dunes de l'Atlantide! La gloire de Phidias et de Périclès a mis deux mille ans à franchir les mers, et maintenant des pêcheurs américains s'en entretiennent, comme si cette gloire était encore la plus rayonnante de l'ancien monde!

Je ne quittai mes nouveaux amis qu'à la nuit tombante. La voile fut hissée sur le mât pliant du bonguito, et peu de minutes suffirent pour nous faire perdre de vue les arbres de la rive. Je pris les mêmes précautions que la nuit précédente, et je restai les yeux braqués sur ceux qui m'inspiraient une si grande méfiance. Je ne cessai un instant de voir distinctement le patron tenant le gouvernail et le métis assis à côté de la voile; cependant mon état de veille se mélangeait d'une manière intime avec un certain sommeil, et tous les objets qui passaient sous mes yeux grandement ouverts m'apparaissaient comme autant de chimères entrevues dans un rêve. Les vagues noires que notre bonguito fendait avec bruit prenaient des formes fantastiques et comme des traits grimaçants ; les herbes flottantes au milieu desquelles nous passions me semblaient de grandes îles couvertes d'arbres touffus, et volant sur la surface des eaux avec la vitesse des hippogriffes. Tout à coup je vis ou plutôt je devinai que nous nous arrêtions sur la rive à l'embouchure d'une vallée ; le métis descendait du bonguito, puis le petit esquif recommençait sa course désordonnée. Aussitôt je m'endormis d'un sommeil profond. Quand je me réveillai, il était matin, le métis avait en réalité disparu, et le bateau jetait l'ancre dans un petit port à côté d'autres embarcations. Sur la plage, je voyais les cabanes du village de Pueblo-Viejo. C'était jour de marché : des noirs et des Indiens allaient et venaient devant les huttes, offrant leurs poissons en hurlant à tue-tête.

Après avoir renouvelé à Zamba Simonguama la promesse d'aller le visiter à Bonda, je sortis du bateau et je courus m'enquérir dans le village des moyens d'arriver à Sainte-Marthe. Pour m'y rendre par mer, j'aurais dû attendre plusieurs jours le départ d'un grand bongo ; je préférai louer un mulet pour porter mes bagages et aller moi-même à pied. La distance de Pueblo-Viejo à Sainte-Marthe est de 40 kilomètres environ : il n'y avait pas là de quoi m'effrayer, et dès que j'eus trouvé un mulet, je me mis résolûment en route, accompagné d'un jeune guide indien nommé Pablo Fonseca. En moins d'un quart d'heure, nous avions contourné une forêt de grands arbres, et nous arrivions en vue de Pueblo-Nuevo de la Cienega.

Cette ville, qu'on appelle communément la Cienega tout court, est située dans une plaine unie comme la surface d'un lac, au pied des montagnes de la Sierra, vertes à la base, bleues au sommet, et coupées de vallées ombreuses. Du côté de la mer, le sol est presque nu et n'a d'autre végétation que des salsoles et des salicornes; mais tout autour des maisons s'épanouissent des arbres touffus qui font à la ville comme un nid de verdure, et du milieu desquels jaillissent les hampes des cocotiers. A l'intérieur, la Cienega ne dément pas ce qu'elle promet vue à distance : les rues, larges et droites, sont assez animées ; les maisons blanchies à la chaux sont presque toutes couvertes en tuiles; à travers les portes entr'ouvertes des jardins, on aperçoit des arbustes en fleur. De tous les côtés s'élèvent de nouvelles constructions, témoignages des progrès matériels de la Cienega. Sa population, forte de six mille âmes, dépasse aujourd'hui celle de Sainte-Marthe, la capitale de l'État souverain de Magdalena; cependant la Cienega ne compte au nombre de ses habitants ni hommes de race blanche, ni négociants étrangers, comme Sainte-Marthe et Barranquilla : elle est peuplée d'Indiens et de métis, qui ne doivent leur prospérité qu'à eux-mêmes.

Sur les hauts plateaux de la Nouvelle-Grenade, l'antagonisme des races produisit la révolte des *communeros* vers la fin du siècle dernier, et finalement amena la guerre de l'indépendance et l'expulsion des Espagnols; depuis cette époque, les descendants des Muyscas[1] ont reconquis leur nationalité et, formant de beaucoup la majorité des Néo-Grenadins, ont à peu près absorbé les blancs; maintenant ils sont confondus avec eux en un seul peuple. Sur les bords de l'Atlantique, il n'en est pas encore ainsi : la haine subsiste entre les deux races, et, comme deux pôles chargés d'électricité contraire, Sainte-Marthe et la Cienega se sont élevées face à face. La première a l'avantage immense de posséder un vaste port et de commercer directement avec tous les pays du monde; moins favorisée, la Cienega ne peut faire qu'un petit trafic de cabotage dans sa lagune et le long des rivages, mais elle a sur Sainte-Marthe le privilége d'être habitée par des Indiens aborigènes qui ne redoutent pas le travail comme la plupart des blancs du littoral. Aussi les résultats de la lutte entre les deux villes sont-ils complétement en faveur des Cienegueros. Dans les vallées de la Sierra-Nevada, sur les rives

---

1. Lors de la découverte de l'Amérique, les Muyscas, qui habitaient le plateau de Cundinamarca, n'étaient guère moins civilisés que les Aztèques. Pour être aussi connus, il ne leur a manqué qu'un historien.

de tous les cours d'eau, ils cultivent de vastes champs de bananiers, de manioc, de papayes ; ils parcourent la lagune dans tous les sens sur leurs bateaux de pêche ; ils approvisionnent Sainte-Marthe de légumes, de fruits et de poissons ; sans eux, sans leur travail, cette ville, qui s'endort paresseusement au bord de sa belle plage, serait exterminée par la famine. Dans les derniers temps, la rivalité des races s'est graduellement transformée en rivalité politique : les Samarios[1], désireux de maintenir l'ancienne suprématie de la race blanche, sont naturellement devenus conservateurs, tandis que les Ciengueros se sont faits démocrates, et lors des élections votent comme un seul homme en faveur des candidats libéraux. Pendant les révolutions qui agitent la république, ils ne craignent pas d'envahir en armes la ville de Sainte-Marthe, et les Samarios osent rarement prendre leur revanche.

En sortant de la Cienega, où mon guide Pablo Fonseca m'avait fait rester assez longtemps sous prétexte d'acheter du foin pour son mulet, mais en réalité dans le seul but de faire les yeux doux à quelque belle, nous traversâmes un torrent dont les bords fertiles sont plantés de bananiers, puis nous suivîmes le rivage sur une levée de sable formée par les vagues, et, laissant à droite au milieu

---

1. Habitants de Sainte-Marthe.

des arbres la sucrerie à vapeur du Génois Andrea, seul habitant étranger de la Cienega, nous arrivâmes sur le bord du Rio-Torribio, l'un des torrents les plus fougueux du versant occidental de la Sierra-Nevada. Les ruines d'un pont emporté par une inondation obstruaient encore le lit : je voulais passer le fleuve à gué en traversant les rapides formés par le courant au milieu des pierres; mais Pablo me détourna vivement de ce dessein, prétendant que de redoutables crocodiles avaient choisi pour repaires des cavernes creusées par les eaux au pied même des piles. Le mulet, déjà chargé de mes malles, reçut encore sur son large dos le poids de nos deux personnes, et nous porta sans broncher à la berge escarpée de l'autre rive du Torribio.

Au delà de ce fleuve, le paysage change de nature. Ces montagnes se rapprochent de la mer et projettent dans les flots des promontoires abrupts, que le chemin contourne par une succession interminable de montées et de descentes. On ne voit plus de bananiers ni d'autres plantes cultivées, mais seulement des mimosas épineux, des gayacs, arbres dont les troncs au bois dur croissent généralement dans un sol infertile. Le terrain dénudé laisse partout voir ses veines de pierre. Parfois le chemin s'engouffre dans un *barranco*, profonde ravine aux parois rouges et brûlées, où pendant la saison des pluies descendent de furieux torrents, mais où l'on chercherait en vain une goutte d'eau pendant la saison des sécheresses. Au milieu de ces rochers qui répercutaient les rayons du soleil, je ne respirais plus qu'un air embrasé, la sueur descendait à larges gouttes sur mon visage, la fatigue commençait à alourdir mes membres. Cette fatigue devint bien plus forte encore, lorsqu'au sortir d'un profond barranco je me trouvai dans un chemin sablonneux assez rapproché de la mer. Les cactus qui se dressaient de chaque côté du sentier, comme des rangées de pieux hauts de dix mètres, étaient trop clair-semés pour donner de l'ombre et trop épais pour laisser passer la brise marine. Quelques mimosas *guamos* couverts de leurs fleurs jaunes répandaient dans l'atmosphère un terrible parfum, qui me donnait le vertige. Le soleil perpendiculaire laissait tomber sur moi ses pesants rayons. A chaque pas, nous enfoncions dans un sable brûlant.

« Quand arriverons-nous donc au village de Gaïra ? demandais-je souvent à mon guide.

— Bientôt, tout de suite, » me répondait-il. Et je me figurais qu'au premier détour du sentier j'apercevrais sans doute une fraîche auberge environnée d'arbres touffus et se mirant dans un ruisseau ; mais je ne voyais toujours que les cactus dressés contre le ciel comme une forêt de lances. Tout à coup Pablo, fatigué comme moi, sauta sur le mulet, piqua des deux et me laissa tout seul, n'ayant pour me conduire au village que les traces des sabots de sa monture.

J'étais près de m'abandonner au désespoir, lorsque le chemin déboucha sur une plage où, plus de trois siècles auparavant, des centaines d'Espagnols, fatigués et brûlés par le soleil comme je l'étais maintenant, furent battus sans peine par les Indiens de Gaïra et repoussés dans les flots où ils périrent jusqu'au dernier. Tant que je suivis le bord de la mer, je me sentis revivre sous les lentes caresses de la brise; mais, dès que les traces des pas m'eurent ramené vers l'intérieur des terres, je perdis immédiatement la force de diriger mes penséees et, de nouveau, je devins la proie de la chaleur. Une haie de mangliers arrêta le léger souffle marin qui m'avait rafraîchi jusque-là et je vis s'étendre au loin devant mes yeux une plaine blanche de sel, coupée de mares d'eau stagnante. J'avançai péniblement à travers l'eau et les sables brûlants. Une soif dévorante me torturait; ma langue était collée à mon palais; il me semblait que ma cervelle était en ébullition; des frissons convulsifs me traversaient le corps, ma peau était devenue sèche, mes poings se serraient, mon œil était fixe, j'avais froid par moments. J'attendais à chaque instant que le soleil m'atterrât par un dernier rayon et, pour jouir de mon reste de vie, je me livrais avec enivrement à des rêves de naïades et de tritons folâtrant au sein des eaux fraîches sous des ombrages éternels. Enfin j'atteignis la lisière de la forêt de cactus et de mimosas. « Encore jusqu'à cet arbre ! » dit en moi un reste de volonté. Mon corps obéit. « Encore jusqu'à cet autre! » répéta la voix intérieure. Ainsi je me traînai de mimosa en mimosa. Soudain, je vis à mes pieds un ruisseau, un vrai ruisseau que mes yeux dilatés me firent apparaître grand comme un fleuve ; des arbres aux larges branches se miraient dans les eaux, des jeunes filles venaient y remplir leurs cruches, des enfants s'y baignaient en jouant, des vaches y buvaient à longs traits. J'eus la force de traverser le ruisseau sans m'y plonger tout entier et j'allai tomber au seuil de la cabane où m'attendait mon guide.

Je restai près d'une heure étendu sur une natte, ahuri, stupide, voyant danser devant mes yeux des objets aux formes bizarres, mais sentant comme dans un rêve qu'une main féminine me soignait avec douceur. Quand je me réveillai de mon étourdissement, une jeune Indienne se tenait devant moi et me présentait une calebasse pleine d'une boisson fortifiante. Cette jeune fille était belle ; ses yeux noirs brillaient d'une tendre pitié ; sa figure rouge, entourée de longs cheveux flottants, me semblait resplendir de lumière : je crus voir un génie bienfaisant. A sa vue, je me sentis ému ; mon cœur s'emplit d'affection pour cette étrangère qui secourait ainsi un voyageur inconnu, et je me demandai un instant si je ne ferais pas bien de mettre un terme à mes voyages et de bâtir ma cabane au bord du ruisseau de Gaïra. « Faut-il courir le monde comme un insensé, alors qu'on peut trouver le bonheur dans une hutte de branches, à l'ombre d'un palmier? »

Je résistai cependant à la voix intérieure qui me parlait, je fis signe à mon guide et je le suivis à travers la forêt. Une heure après, nous arrivions à Sainte-Marthe, au moment où un coup de canon annonçait l'entrée d'un navire dans le port.

VI

SAINTE-MARTHE.

Sainte-Marthe est située dans un paradis terrestre. Assise au bord d'une plage qui se déploie en forme de conque marine, elle groupe ses maisons blanches sous le feuillage des palmiers et rayonne au soleil comme un diamant enchâssé dans une émeraude. Autour de la ville, la plaine, s'arrondissant en un vaste cirque, se relève en molles ondulations vers la base des montagnes. Celles-ci étagent l'un au-dessus de l'autre leurs gigantesques gradins diversement nuancés par la végétation qui les recouvre et l'air transparent dont l'azur s'épaissit autour des hautes cimes; des nuées s'effrangent en longues traînées blanches dans les vallées supérieures, s'enroulent en écharpes sur les sommets, et de cet amoncellement de nuées, de pics, de montagnes de toute forme, jaillit la superbe Horqueta, dont le double cône, dressé au-dessus de l'horizon, semble régner sur l'espace immense. Les énormes contre-forts sur lesquels s'appuie le pic à deux têtes projettent à droite et à gauche deux chaînes de montagnes qui se recourbent autour de la plaine de Sainte-Marthe, abaissent par une succession de chutes gracieuses la longue arête de leurs cimes, et de chaque côté du port vont plonger dans la mer leurs hardis promontoires portant chacun sa vieille forteresse ruinée. Ainsi la plaine semble soulevée entre les bras du géant Horqueta et doucement inclinée comme une corbeille de feuillage vers les flots éblouissants de lumière. Le promontoire du nord se continue par une chaîne sous-marine et se redresse au-dessus de l'eau pour former le Morillon et le Morro, îles rocheuses qui servent de brise-lames au port. L'ensemble du paysage enfermé dans cette enceinte est d'une harmonie indescriptible : tout est rhythmique dans ce monde à part, limité vers le continent, mais ouvert du côté de l'infini des eaux ; tout semble avoir suivi la même loi d'ondulation depuis les hautes montagnes aux cimes arrondies jusqu'aux lignes d'écume, faiblement tracées sur le sable. Aussi qu'il est doux de contempler cet admirable tableau ! On regarde, on regarde sans cesse, et l'on ne sent point les heures s'envoler. Le soir surtout, quand le bord inférieur du soleil commence à plonger dans la mer et que l'eau tranquille vient soupirer au pied des falaises, la plaine verte, les vallées obscures de la Sierra, les nuages roses et les sommets lointains, saupoudrés d'une poussière de feu, présentent un spectacle si beau qu'on cesse de vivre par la pensée et qu'on ne sent plus que la volupté de voir. Ceux qui ont eu le bonheur d'avoir sous les yeux ce paysage grandiose ne l'oublient jamais. Un de mes amis grenadins, auquel, avant d'aller à Sainte-Marthe, j'avais demandé quelques renseignements sur cette ville, ne put me répondre que par un sourire de regret et par ce mot : hélas!

L'intérieur de la ville n'est pas en harmonie avec la magnificence de la nature qui l'environne. Sainte-Marthe est le premier établissement que les Espagnols aient fondé sur la Côte-ferme grenadine, et, malgré l'ancienneté de cette origine, malgré son beau port et son titre de capitale du Magdalena, malgré la fertilité de sa plaine et de ses montagnes, elle compte au plus une population de quatre mille habitants. Les rues, larges et coupées à angles droits, comme celles de toutes les cités âgées de moins de quatre siècles, n'ont jamais été pavées, et pendant les jours de forte brise, elles n'offrent à la vue qu'une perspective de tourbillons de sable où le passant n'ose pas s'aventurer. Les maisons sont en général basses et mal construites; dans les faubourgs, elles ne sont même que de simples cabanes en pieux et en terre, couvertes de toits en feuilles de palmier et peuplées de scorpions, d'araignées innombrables. En 1825, trois siècles après la fondation de Sainte-Marthe, un tremblement de terre renversa plus de cent maisons, lézarda la cathédrale et les quatre églises. Depuis cette époque, les monceaux de briques rompues et de plâtras n'ont pas été déblayés, les ruines n'ont pas été consolidées, les lézardes bâillent de plus en plus ; seulement le temps a décoré d'arbustes les murailles penchantes, et tressé sur la haute coupole de l'Iglesa-Mayor une verte guirlande toute bariolée de fleurs jaunes et rouges. Dans cette ville, encore aussi délabrée que le lendemain du tremblement de terre, je ne vis qu'une maisonnette neuve et les fondements d'un édifice inachevé qui devait servir à un grand collège provincial. La demeure du plus riche commerçant de la ville, jadis véritable palais, n'offre plus, du côté de la mer, qu'un ensemble de ruines ; des murs chancelants entourent le jardin rempli de débris amoncelés ; des fûts de colonnes, des chapiteaux jonchent le sol ; des arbres épineux croissent au milieu des pierres.

Malgré ces traces du désastre de 1825, Sainte-Marthe est loin de produire sur l'esprit la même impression lugubre que Carthagène : les rues sont plus larges, les maisons que n'a pas renversées le tremblement de terre sont blanchies à la chaux ou peintes de couleurs gaies, et puis la nature est si belle qu'elle jette un reflet de sa beauté sur la ville tapie à ses pieds au milieu des arbres. Depuis le partage de la Nouvelle-Grenade en huit républiques fédératives, Sainte-Marthe a voté la construction d'un phare sur le Morro, établi plusieurs institutions d'utilité publique, fondé une école d'enseignement supérieur. Puisse-t-elle continuer dans cette voie et cesser bientôt d'offrir un pénible contraste avec l'Eldorado qui l'environne!

Devant les maisons, au centre de la vaste courbe dessinée par la plage, s'élèvent les ruines d'un ancien fort, dont les murailles à demi rongées s'émiettent pierre à pierre dans les flots envahissants. Les bongos de la Cienega, chargés de bananes, de poissons, de noix de coco, ancrent au pied de la forteresse, et c'est au milieu des blocs de pierre, sur le sommet des remparts, que les Indiens étalent leurs denrées. Les femmes de la ville, en général assez court vêtues, y viennent en foule chercher leurs provisions de la journée. Rien de pittoresque comme ce marché tenu en plein air, sur des murs qui surplombent la vague bleue.

Les grands navires d'Europe et des États-Unis mouillent à un kilomètre plus au nord, au fond même de l'anse et au pied du promontoire qui la protége contre les vents du nord et les vents d'est.

La plage qui s'étend entre le promontoire et la ville est bordée d'un côté par la mer, de l'autre par des salines quelquefois inondées. Le soir, elle sert de promenade à toute la population, et les piétons, les cavaliers, les voitures la parcourent en tous sens. La douane, un entrepôt ruiné, une jetée, quelques tentes de feuillages dressées au-dessus des ballots de marchandises, sont les seules constructions élevées sur le port, qui, loin d'apparaître comme un centre d'activité, semble plutôt un lieu de plaisir. A tout instant du jour, des nageurs blancs et noirs plongent du haut de la jetée, s'ébattent comme des tritons autour des navires et changent l'eau bleue en une vaste étendue d'écume; les sambos oisifs restés sur la rive et les matelots appuyés contre le bordage des navires jugent des exploits des nageurs, et par de longs applaudissements rendent hommage au plus habile.

Aussitôt après les premières heures de la matinée, consacrées au marché, les places et les rues de Sainte-Marthe perdent la physionomie affairée que leur avait donnée le concours des Indiens, et le *far niente* y devient aussi général que sur le port: les quatre ou cinq cents boutiques ouvertes à tous les coins de rue et offrant aux acheteurs une petite provision de bananes, de cassave, d'allumettes chimiques et de chicha se désemplissent; les habitants de Gaïra, de Mamatoco, de Masinga se retirent en caravane, poussant devant eux une longue procession d'ânes et de mulets. Alors les Samarios, restés en possession de la ville, commencent leur sieste, ou bien, s'asseyant au seuil des portes, conversent gaiement sur les incidents de la matinée, tandis que les *señoritas*, à l'extrémité des frais corridors, se bercent dans leurs hamacs suspendus aux colonnes des patios. A mesure que la chaleur augmente, les voix s'éteignent peu à peu, les insectes même cessent de bourdonner: on dirait que la ville entière repose et s'alanguit sous une atmosphère de volupté. Le travail semble un effort inutile dans cet heureux climat, où la paix descend des montagnes vertes et du ciel azuré.

Comment blâmer ces populations de s'abandonner à la joie physique de vivre lorsque tout les y invite? La faim et le froid ne les torturent jamais; la perspective de la misère ne se présente point devant leurs esprits; l'impitoyable industrie ne les pousse pas en avant de son aiguillon d'airain. Ceux dont tous les besoins sont immédiatement satisfaits par la bienveillante nature ne cherchent guère à réagir contre elle par le travail et jouissent paresseusement de ses bienfaits: ils sont encore les enfants de la terre, et leur vie s'écoule en paix comme celle des grands arbres et des fleurs. Souvent aussi la chaleur, bien qu'elle soit toujours tempérée par la brise, est tellement forte que toute activité devient fatigué, car Sainte-Marthe est située sous l'équateur météorologique du monde, et la température moyenne y est de vingt-neuf degrés centigrades.

Quand les vallées et les plateaux de la Sierra-Nevada seront peuplés par des centaines de milliers d'agriculteurs, alors les Samarios, aujourd'hui si peu actifs, seront entraînés dans le grand tourbillon du travail, et le commerce aux bras immenses s'emparera de Sainte-Marthe comme il s'est emparé de tant d'autres villes tropicales qui s'endormaient aussi sous un ciel enchanteur. De nos jours, la capitale de l'État du Magdalena ne fait guère que le commerce de transit : elle reçoit de l'étranger des cargaisons d'étoffes, marchandises peu encombrantes qu'on peut facilement expédier vers les marchés de l'intérieur ; en échange, elle envoie en Angleterre une grande partie de l'or obtenu par les mineurs de l'État d'Antioquia, et en Allemagne quelques chargements de tabac. Le total des importations et des exportations s'élève à tout au plus quinze millions de francs par an. Qu'il serait facile d'augmenter cette somme comparativement insignifiante, si l'on voulait s'adonner sérieusement à la culture du sol !

Comme tous les étrangers qui visitent Sainte-Marthe, je me sentis dès les premiers jours enivré de cet air voluptueux et chargé d'aromes qui s'éle-

vait de la plaine; au lieu de m'occuper aussitôt de
mes projets d'agriculture, je me laissai paresseusement aller à la contemplation de la nature environnante. Cependant mes heures ne se perdirent
pas entièrement : bien accueilli dans toutes les maisons où je me présentai, je me fis des amis qui
s'empressèrent de répondre à mes diverses questions avec une obligeance toute castillane ; en me
promenant sur la plage, je liai souvent conversation
avec les pêcheurs indiens ou métis; de toutes les
manières, je tâchai d'étudier sur le vif les mœurs,
les croyances, les habitudes de la population. Pour
connaître les principaux produits de la plaine, je
n'eus qu'à errer le long des sentiers et à pénétrer dans les jardins, où l'on m'offrait des fruits de
toute espèce à des prix d'une incroyable modicité.
C'étaient des figues, des bananes de plusieurs variétés, puis des *nisperos*[1] à la chair couleur de sang,
des ananas, des papayes, des *ciruelas*[2] ou prunes
des tropiques, des *aguacates* ou avocats, des *mangos*
à l'odeur de térébenthine, des goyaves, le *marañon*
ou pomme d'acajou, dont le parfum vaut à lui seul
un festin, le *guanabano*[3], qui rappelle le goût des
fraises dans le vin sucré, et tant d'autres productions exquises dont la nomenclature exigerait un

---

1. *Achras sapota.* — 2. *Spondia ciruela.* — 3. *Annona mu-
ricata.*

dictionnaire en règle. Dans cette plaine fortunée et sur les pentes de ces montagnes où le soleil mûrit d'un même rayon les fruits les plus suaves de tous les climats, il ne serait pas difficile de redevenir frugivore comme nos premiers pères, et d'abandonner l'affreux régime de la chair et du sang pour celui des végétaux qui croissent spontanément du sein de la terre.

Sous nos tristes climats du nord, pendant la saison d'hiver, bien des actes de la vie causent une véritable souffrance. Le matin surtout, il faut presque de la force d'âme pour se lever résolûment. Au moment du réveil, on a les membres doucement enveloppés de couvertures comme d'une triple atmosphère de chaleur; des frissons électriques et voluptueux traversent le corps; la paupière s'ouvre amoureusement à la vie. Dans la chambre, au contraire, tout semble contracté par le froid; des cristaux de glace couvrent les vitres de leurs fleurs étincelantes; la blancheur mate qui les pénètre fait pressentir qu'une épaisse couche de neige est étendue sur la terre, des bouffées sifflantes de vent se plaignent au-dessus des toits et s'engouffrent dans la cheminée avec un murmure plaintif. Alors ceux qui n'ont pas à leur disposition toutes les ressources du comfort doivent tout d'un coup relever leurs chaudes couvertures, bondir sur le plancher de la chambre glacée, plonger la tête et les mains dans l'eau froide : ils doivent agir par une suite de mouvements désespérés et chasser toute réflexion pendant la consommation de cette espèce de suicide. Les sybarites prolongent leur sommeil par un demi-assoupissement et se débattent contre le jour qui s'élève, le bruit de la rue qui grandit, les pas qui retentissent et la pendule qui bat son impitoyable tic-tac. Ils sentent avec effroi qu'ils vont se réveiller, il leur suffirait de faire un mouvement, d'ouvrir les yeux pour dissiper tout reste de sommeil; mais ils ont soin de se tenir immobiles, ils ferment leurs paupières avec désespoir, se défendent de penser et parviennent à sommeiller de force. Puis quand le moment fatal arrive enfin, ils inventent encore des raisons pour attendre un peu; l'écolier récite ses leçons, la dévote dit cinquante *Ave Maria*, le poëte compose des vers. Seuls, les hommes vraiment courageux s'éveillent avec joie, prennent plaisir au ruissellement de l'eau glacée sur le corps, aux caresses mordantes de l'air extérieur qui fait une irruption soudaine par la fenêtre entr'ouverte. Ce courage peut aussi provenir de la nécessité, et c'est à l'eau froide, au souffle glacé de l'hiver qu'il faut peut-être attribuer en grande partie la force inébranlable, la calme résolution des hommes du Nord. Celui qui brave le froid peut aussi braver le canon.

Combien au contraire le réveil est suave et délicieux dans les doux pays du Midi, dans une plaine comme celle de Sainte-Marthe! Les vagues parfums des corolles qui s'entr'ouvrent viennent flotter dans la chambre, les oiseaux battent de l'aile et gazouillent leurs mille chansons, l'ombre du feuillage se dessine sur la muraille blanche et joue avec les rayons naissants. L'atmosphère, si douce à l'intérieur des maisons, est au dehors plus douce encore, plus fraîche, plus vivifiante; le vent qui passe fait entrer dans le corps et dans l'âme la volupté de la jeunesse. Au milieu de cette nature qui s'éveille avec tant d'amour à la vie, il est impossible de ne pas revivre soi-même de toute l'ardeur de son être ; sur le sein de cette mer si belle aux premiers rayons du soleil, on respire avec enivrement, on se sent renouvelé.

Dès le point du jour, les cavaliers et les piétons couvrent les chemins qui mènent au petit fleuve Manzanarès, ainsi nommé par les *conquistadores* en souvenir du ruisseau de Madrid, et chacun va choisir une anse ombragée pour y faire ses ablutions du matin. Le sentier que je prenais d'ordinaire passe à travers les jardins. Les hautes herbes en tapissent si bien les bords, les arbres pressés entrelacent si bien leurs branches en forme de voûte au-dessus de l'allée, qu'on pourrait se croire dans un immense berceau de verdure. Le soleil fait pénétrer çà et là une aiguille de lumière, et par de rares échappées apparaissent les feuilles en panache des cocotiers qui se balancent à dix mètres au-dessus des arbres du chemin. Les prunes des tropiques jonchent le sol, les émanations des fleurs épanouies et des fruits mûrs se répandent dans l'air. Souvent aussi une jolie Indienne passe au trot sur son âne, et l'on échange avec elle le salut d'usage : « *Ave Maria!* — *Sin peccado concebida.* »

Arrivés au pont du Manzanarès, monument remarquable dans son genre, puisqu'il est le seul de la province, mais qui se compose simplement d'un tablier en bois assez mal posé sur des culées déjà lézardées et penchantes, les groupes se séparent, chaque baigneur descend la berge en s'aidant des branches des caracolis ou des mimosas, et va s'étendre dans l'eau transparente sur le sable micacé de la rivière, semblable à une mosaïque d'or et d'argent. A cette heure matinale, tous les oiseaux chantent, les essaims de moustiques ne tourbillonnent pas encore dans l'air, la chaleur du soleil n'a pas traversé l'épais branchage des arbres, et l'eau, à peine descendue des montagnes, garde encore la fraîcheur du rocher. Après quelques minutes de ce bain délicieux et vivifiant, on remonte sur la rive, puis on se disperse au hasard dans les jardins avoisinants. Telles se passent les matinées à Sainte-Marthe.

Une grande partie de la journée est employée à

faire la sieste, du moins par les hommes, car les femmes, actives dans tous les pays du monde, n'interrompent que rarement leurs travaux de ménage. Quand la chaleur était trop forte pour me permettre une excursion le long du fleuve ou de la plage, il ne restait qu'à m'étendre dans mon hamac, un livre à la main. La maison que j'avais louée pour la modique somme de vingt francs par mois était vaste, bien ombragée, entourée d'un beau jardin, et ma voisine, la *niña*[1] Perlita, avec ce touchant instinct d'hospitalité si fréquent chez les femmes créoles, n'avait pas attendu la formalité d'une visite pour m'envoyer tous les meubles nécessaires à mon petit ménage. Étranger à peine débarqué, je trouvais déjà dans ma nouvelle patrie bien plus de sympathique affection qu'on n'en trouve d'ordinaire dans sa ville natale. Quelques jeunes gens, avides d'apprendre comme le sont sans exception tous les Néo-Grenadins, venaient converser avec moi : les dames auxquelles j'étais présenté m'interrogeaient aussi avec la charmante liberté du pays. Quelques-unes mêmes poussaient l'audace jusqu'à me demander si les Françaises étaient jolies. Ailleurs, j'eusse courageusement répondu; mais sous les yeux fulgurants de ces filles du soleil, j'osais à

---

1. *Niña*, enfant, jeune fille. Dans la Nouvelle-Grenade, les dames mariées reçoivent aussi bien que les demoiselles ce petit nom d'amitié.

peine dire que, là-bas, dans les brumes du Nord, il germait aussi de belles fleurs.

Une chose qui me frappa d'abord, c'est la remarquable intelligence de tous les jeunes gens que je connus à Sainte-Marthe. Toujours heureux et gais, ils ne font pas consister leur gloire suprême à prendre des attitudes de héros blasés; mais ils vivent joyeusement, menant de front l'étude et les plaisirs bruyants. Ils s'expriment avec une élégante facilité et s'élèvent naturellement à une éloquence quelquefois verbeuse, mais toujours entraînante. Outre l'espagnol ils parlent en général une ou deux langues vivantes, le français, l'anglais, l'allemand ou le hollandais. Très-curieux de tout ce qui vient de l'étranger, ils savent se procurer une certaine éducation superficielle qui leur permet de converser sur tous les sujets sans jamais rester à court. Cette éducation, ils la doivent entièrement à eux-mêmes, car dans les écoles la discipline est complétement nulle, et pour agir sur les enfants il faut leur parler comme à des hommes libres. Les institutions républicaines ont donné dans tous les pays d'Amérique un tel ressort à la volonté que les enfants comme les hommes n'admettent plus l'obéissance. Pour se faire respecter, les professeurs doivent simplement prendre le titre d'ami, et, loin de faire usage de la moindre autorité, n'agir que par la douceur. En Louisiane, un directeur français, infatué des traditions classiques, ayant introduit dans son collége une discipline rigoureuse, les jeunes gens se mutinèrent et brûlèrent l'établissement.

Chez ces enfants, si chatouilleux sur la question de leur dignité personnelle, le point d'honneur est heureusement très-exalté ; l'émulation peut leur faire opérer des prodiges. Il suffit de leur montrer de la confiance pour qu'ils cherchent aussitôt à la justifier par leur activité. En cela, les hommes de la Nouvelle-Grenade ne diffèrent nullement des enfants, et dès qu'ils sentiront leur honneur engagé à faire prospérer leur pays, à fonder des écoles, à ouvrir des routes, à cultiver leur vaste territoire, il est certain qu'ils feront tout ce qu'il est possible d'attendre d'eux. Le point d'honneur est le principal levier au moyen duquel on pourra soulever ce peuple et le lancer dans la voie du progrès; c'est la grande vertu qui mettra en activité toutes les autres. Les qualités des créoles grenadins sont nombreuses : si l'on peut leur reprocher une certaine paresse morale, on ne peut nier leur intelligence, leur bravoure, leur affabilité et surtout leur modestie. Avec quelle grâce touchante ne rejettent-ils pas leur propre patrie dans l'ombre lorsqu'ils parlent de la France, qui pour eux est, à tort ou à raison, le représentant le plus glorieux des races latines et le porte-étendard du progrès.

Le jeune homme le plus remarquable avec lequel

je liai connaissance s'appelait Ramon Diaz. C'était un mulâtre âgé de dix-huit ans à peine; il avait eu le temps déjà d'acquérir une instruction solide. En compagnie d'un voyageur européen, il avait étudié l'ornithologie et la botanique dans la plaine qui entoure la ville; après le départ de l'explorateur étranger, il avait continué ses recherches tout seul. Aidé de quelques livres, il avait en outre su rédiger pour son usage personnel des cours de philosophie, de littérature, de géométrie. Cependant la variété de ses connaissances ne lui avait pas inspiré la moindre ambition; il restait sans fausse honte dans l'échoppe de sa mère, où il vendait peut-être une quinzaine de bananes par jour. S'il était sans ambition, il n'était point sans orgueil, et savait bien que ce n'est pas la position sociale, mais la dignité personnelle qui fait la valeur de l'homme.

Ramon Diaz et ses amis n'étaient pas seuls à égayer mes journées; j'avais aussi d'autres visiteurs: le singe attaché à une longue corde, qui, las de se balancer à une branche, venait de temps en temps me donner une accolade; le perroquet, qui me récitait les noms de tous les enfants du quartier et s'interrompait souvent par le cri de *burro! burro!* (âne! âne!), appris sans doute des Indiens, qui encouragent ainsi leurs montures; la petite perruche verte, qui penchait la tête d'un air timide et câlin, comme pour demander un baiser, puis lustrait avec son bec ses ailes étendues, et gazouillait joyeusement quand je lui jetais les fruits rouges du cactus.

Ainsi entouré d'amis, et d'ailleurs un peu affaibli par la chaleur, je ne pouvais consacrer toutes mes heures au travail. Cependant mes études, pour n'être pas austères, n'en étaient pas moins profitables. On peut apprendre, même en jouissant, et le balancement de mon hamac, les ombres des feuilles découpées sur le parquet à travers les colonnes de bois du patio, la vue de la coupole lézardée de la cathédrale se dessinant en violet sur le fond bleu du ciel, toutes ces choses servaient à graver irrévocablement dans mon esprit chacune de mes réflexions. Dans le silence du cabinet, surtout pendant les nuits froides et lugubres de nos pays du Nord, celui qui cherche la vérité la découvre nue dans toute sa majesté sereine, et peut la regarder face à face sans que rien vienne troubler sa contemplation. Cette conquête a quelque chose d'héroïque ; elle est certes la plus essentiellement humaine, mais elle est solitaire pour ainsi dire et n'emprunte sa poésie à rien de ce qui l'entoure. Au milieu de la nature tropicale, cette puissante magicienne qui embellit tous les objets, chaque pensée devient en même temps un tableau ; les abstractions, si froides dans le Nord, s'harmonisent avec le milieu qui les environne, et souvent une idée attend pour pénétrer dans l'esprit qu'un rayon de soleil se fasse jour à travers le feuillage. Les âmes vibrent à l'unisson de la grande âme de la terre.

Avec la soirée viennent les bals et les promenades. Les joueurs de tambourin et de castagnettes se réunissent au coin des rues et improvisent des concerts que des enfants imitent de loin à grand renfort de chaudrons et de crécelles. Les jeunes filles se rassemblent chez celle de leurs amies qui célèbre sa fête patronale, et dansent autour d'un reposoir décoré de fleurs et de guirlandes ; à côté de l'image de la patronne sont suspendus tous les objets précieux qu'on a pu trouver dans la maison : des colliers, des bracelets, des éventails, des pièces d'étoffe, des estampes françaises représentant l'ensevelissement d'Atala ou la mort de Poniatowski. Les ménétriers, jouant avec une espèce de furie leurs aigres ritournelles, sont juchés sur des meubles recouverts de pièces de calicot, et ne se reposent que d'heure en heure pour absorber à la hâte un verre de chicha. Entre qui veut, soit pour danser, soit pour goûter aux rafraîchissements qui circulent aux frais de l'hôte et de ses niñas. La maison devient tous les soirs propriété publique jusqu'à l'anniversaire de la fête d'une autre jeune fille.

Grâce à la beauté des nuits, les promeneurs sont encore plus nombreux sur la plage que les danseurs dans les salles de bal ; les groupes se mêlent, se détachent, se reforment ; çà et là des chants se font entendre et marient leur voix au bruit harmonieux des vagues. Ceux qui n'ont pas vu la splendeur des nuits tropicales ne peuvent se figurer combien sont douces les heures passées sous la lumière voilée des nuits équatoriales; ils ne savent pas à quel degré peut s'élever la jouissance exquise de l'être physique caressé par la limpide atmosphère qui le baigne : tous les sens sont flattés à la fois, et chaque mouvement est si doux à faire qu'on pourrait se croire dégagé des chaînes de la pesanteur. Le ciel, où les étoiles scintillent avec une clarté quatre fois plus grande que dans la zone tempérée[1], est presque toujours libre de nuages, et l'on y peut contempler tout entière l'arche flamboyante de la voie lactée. La lumière zodiacale, que plusieurs astronomes américains prétendent être un anneau semblable à celui de Saturne, arrondit son orbe immense à l'occident : au sud, apparaissent comme des flocons de neige les nuages magellaniques, groupes de constellations aussi vastes que notre ciel et cependant perdus comme une vapeur dans l'infini de l'espace. A chaque instant, des étoiles filantes, beaucoup plus volumineuses en apparence que celles de nos climats et laissant toujours derrière elles de longues traînées de diverses couleurs, traversent le ciel dans tous les sens. Parfois on di-

---

1. D'après Alexandre de Humboldt.

rait les fusées d'un feu d'artifice; cependant on n'entend jamais la moindre explosion. Cette circonstance, le nombre et le volume des étoiles filantes me semblent donner un grand poids à l'opinion des savants qui ne voient dans ces météores autre chose que la combustion spontanée des gaz échappés aux marécages. En effet, il ne fermente nulle part autant de matières putrescibles que dans les lagunes des forêts tropicales, et les gaz qui s'en élèvent constamment peuvent sans aucun doute former de véritables nuages dans les régions supérieures de l'atmosphère.

Une chose contribue encore à augmenter l'influence presque enivrante des nuits tropicales sur l'organisme : les parfums des jardins et de la forêt. Les fleurs de chaque espèce s'ouvrent l'une après l'autre et versent dans l'air la senteur spéciale qui les distingue. Quelques-unes de ces odeurs, entre autres celle du palmier *corua*, font une irruption soudaine et envahissent brusquement l'atmosphère; d'autres, plus discrètes, s'insinuent avec lenteur et s'emparent graduellement des sens; d'autres encore, imprimant une espèce de rythme aux vagues aériennes, jaillissent des fleurs par intervalles; mais toutes se succèdent dans un ordre régulier et produisent ainsi une vraie gamme de parfums. A l'imitation de Linné, qui parlait de construire une horloge de fleurs où les heures seraient marquées par l'épanouissement des corolles, MM. Spix et Martius, les célèbres explorateurs du Brésil, proposaient de disposer un jardin en une vaste horloge tropicale où chaque division du temps eût été indiquée par une odeur différente, s'échappant d'une fleur entr'ouverte comme la fumée s'échappe de l'encensoir.

VII

LES ENVIRONS DE SAINTE-MARTHE. — LA HORQUETA.
LA SUCRERIE DE ZAMBA. — LE MÉDECIN SORCIER.

Après m'être installé à Sainte-Marthe, il me restait à faire quelques excursions à travers la plaine et dans les montagnes qui l'enferment de leur gigantesque amphithéâtre. Ma première course fut dirigée vers le promontoire qui borde du côté du nord les salines et le port de Sainte-Marthe, et dont les falaises abruptes commandent si fièrement les flots. Grâce à une ravine étroite ouverte par les eaux de pluie dans les rochers d'ardoise, je pus gravir, non sans peine, jusqu'à l'arête vive de la colline. Du haut du môle énorme sur lequel je me trouvais, je dominais à la fois deux vastes baies. A gauche s'arrondissaient les suaves contours de la rade de Sainte-Marthe, où se balançaient quelques navires à l'ancre; à gauche, se déployait le port de Taganga, plus ouvert, mais beaucoup plus vaste que celui de la ville, et cependant bien rarement visité, si ce n'est par une goëlette de contrebandiers ou une barque d'Indiens. En ce moment, rien ne m'y rappelait l'homme, pas même une simple hutte sur le rivage.

Malgré mon désir de contempler plus longtemps les deux golfes si gracieusement arrondis de chaque côté de la chaîne étroite, la violence du vent me força bientôt à descendre un grand escalier de roches et à me tapir sur le sable dans une grotte défendue des vagues par des récifs en désordre. Le vent alizé se fait toujours sentir avec une très-grande force à une certaine hauteur au-dessus du niveau de la mer; à la surface même des vagues, il est retardé par la friction de l'eau sur laquelle il glisse, tandis que plus haut il n'éprouve aucune résistance et souffle avec toute son énergie : toujours les voiles supérieures des navires sont plus fortement gonflées que les basses voiles. Au moyen de petites hélices fixées sur les mâts, il me semble qu'on pourrait mesurer l'intensité du vent à diverses hauteurs et refaire pour les courants atmosphériques les calculs que l'ingénieur de Prony a faits pour les fleuves : on apprendrait ainsi à quelle hauteur au-dessus du niveau de la mer se fait sentir le maximum de force du vent alizé dans chaque saison et dans chaque latitude. Ce travail, qui, pour être complet et concluant, demanderait du reste de très-nombreuses expériences, serait rendu plus facile par la régularité avec laquelle ce vent de la zone tropicale souffle sur les eaux ; loin de se propager comme les vents de nos climats par une succession de bouffées violentes que séparent des intervalles de repos, la brise alizée se meut à travers l'espace avec une impulsion toujours égale : c'est un courant dont la vitesse ne change pas.

Ma seconde excursion fut plus longue et moins facile que la première. Il s'agissait de traverser à son embouchure le fleuve Manzanarès, de longer la plage jusqu'aux ruines du fort de San-Carlos et de gravir la montagne qui le domine. Rien de plus aisé en apparence ; mais je comptais sans une république de chiens sauvages, qui avaient établi leur campement sur la rive gauche du fleuve, et ne laissaient pas sans bataille envahir leur domaine. A peine avais-je traversé la barre, longue levée de sable alternativement baignée par les eaux douces du Manzanarès et les eaux salées de la mer, que je vis cinq mâtins vigoureux se lever d'un bond des hautes herbes où ils étaient couchés et s'élancer vers moi, l'œil ardent, le cou tendu. En un instant, j'étais environné, et les cinq gueules furieuses s'ouvraient pour me dévorer, lorsque me saisissant d'un morceau de bois échoué sur le sable, je cassai la mâchoire à l'animal le plus acharné. Ce fut un coup de théâtre; les mâtins s'arrêtent, remuent la queue en signe d'affection, et se couchent à mes pieds. Plus que tous les autres, le chien à la mâchoire pendante et ensanglantée me regarde avec une servile tendresse. Ce revirement soudain valut pour moi, je l'avoue, la lecture d'un long article d'histoire ou de philosophie. Que d'hommes, que de peuples se sont ainsi courbés sous la main qui les frappait! Combien d'esclaves n'y a-t-il pas en Amérique et ailleurs qui gémissent sous l'oppression, et qui cependant aiment lâchement leurs maîtres, et répondent à chaque nouvelle mesure tyrannique par un nouvel avilissement!

Une demi-heure après, j'arrivais au fort de San-Carlos, dont les bastions se dressent sur un rocher en travers de la plage. Les murailles sont démantelées, les canons, exposés depuis plus d'un siècle à l'âpre vent de la mer, tombent par écailles rouilleuses, l'océan s'est creusé des grottes dans les casemates. Rien de plus paisible que tout cet appareil de guerre ébréché par le temps; nulle part on ne peut mieux rêver qu'au pied de ces remparts qui depuis si longtemps ont cessé de menacer les navires. Malheureusement, du haut du fort, on jouit d'une vue assez bornée, si ce n'est vers la mer, qui se déploie à l'occident dans toute son immensité, et l'on ne voit du côté de la terre qu'un étroit horizon de rochers et de cactus.

Pour contempler dans toute sa beauté le panorama de la plaine, il faut se risquer sur les pentes très-escarpées de la montagne au pied de laquelle a été bâti le fort. Les difficultés de l'ascension commencent à la base même du mont. Les roches ardoisées dont il se compose sont formées d'une masse très-friable qui se désagrége sous le pied et roule en débris le long des escarpements. Les seules plantes qui croissent dans les anfractuosités appartiennent à la famille des cactus, et sont hérissées de formidables épines; le sol même est tout jonché de ces dards acérés. Pour gravir à travers les pierres qui cèdent sous les pas, où l'on court risque à chaque instant de perdre l'équilibre, il faut poser son pied avec la plus grande prudence entre les épines et insinuer délicatement son corps sous les troncs et les rameaux entrelacés des cactus. Un seul faux pas causé par une pierre roulante, un seul geste maladroit, et l'on peut s'aveugler ou se blesser grièvement en s'enfonçant dans les chairs comme des paquets d'épingles. Jadis les Espagnols de la Colombie plantaient aux abords de leurs forteresses des rangs de cactus, et ces fortifications végétales étaient plus difficiles à franchir que des murailles et des fossés.

Afin de mieux connaître l'aspect général de ces montagnes où je désirais m'établir, et me familiariser en même temps avec les dangers qu'elles offrent, je résolus de m'enfoncer dans la *montaña*[1] et de m'élever aussi haut que possible sur les flancs de la Horqueta. Tous ceux auxquels je demandai quelques renseignements sur cette montagne cherchèrent à m'effrayer par la description d'une foule de dangers imaginaires : on me parla de serpents et de tigres (jaguars) ; un Indien, fort en arithmétique, prétendit même qu'il y avait exactement une trentaine de ces animaux, quatorze mâles et seize femelles, rôdant sur les pentes de la Horqueta. Un autre m'affirma qu'il existait dans les vallées supérieures une tribu de sauvages qui avaient pour habitude d'assassiner les étrangers au moyen de flèches trempées dans le venin du *curare*. Un troisième soutint que les montagnes étaient enchantées, et que, parmi les naturels, d'habiles sorciers s'entendaient avec le diable pour garder l'entrée de leurs défilés. Celui qui franchit la première gorge, me disait-il, doit braver des torrents de pluie qui descendent du ciel en véritables cataractes. Si la force et le courage ne lui manquent pas, et qu'il atteigne le second défilé, il est assailli par un ouragan de neige ; si, malgré la tempête, il continue à gravir le roc, alors le diable en personne vient à sa rencontre et montre ses cornes au voyageur obstiné.

1. Forêt vierge. Dans presque toutes les anciennes cartes françaises de l'Amérique, *montaña* était à tort traduit par montagne.

Cette fable s'appuie sur un fond de vérité et peut donner aux gens superstitieux une vague idée de la superposition des climats sur les flancs des hautes montagnes. En effet, la Sierra-Nevada, posée comme une barrière gigantesque en travers du chemin suivi par les vents alizés, reçoit dans ses vallées toutes les vapeurs qui s'élèvent de la mer; l'après-midi, vers deux heures ou trois heures au plus tard, même pendant les deux saisons des sécheresses annuelles, alors qu'un impitoyable azur s'étend sur la plaine, l'orage éclate dans la Sierra, et les vapeurs se précipitent en torrents de pluie dans les vallées inférieures, en ouragans de neige sur les pentes élevées. Plus haut encore s'étendent les *paramos*, plateaux déserts où ceux qui ne sont pas habitués aux courses de montagnes sont souvent pris de vertige; ce vertige, à quoi l'attribuer, si ce n'est aux maléfices du démon?

Je craignais peu les sortiléges; mais en l'absence de guides je ne pouvais guère me flatter de découvrir seul les défilés praticables et les sentiers frayés par les tapirs à travers les fourrés. A Sainte-Marthe, pas un seul homme, blanc, noir ou sambo, n'avait pénétré dans la Sierra jusqu'à la base de la Horqueta. Quarante jours avant mon arrivée, une dizaine d'hommes, munis de provisions et d'armes, étaient partis pour la montagne dans l'espoir d'obtenir du gouvernement la concession de seize mille hectares de terres excellentes, promise à celui ou à ceux qui découvriraient un col facile dans la direction de Valle-Dupar, ville située en droite ligne à vingt-cinq lieues au sud-est; mais l'expédition, loin de franchir la crête de la Sierra, redescendit par une vallée latérale au village de la Fundacion, près de la Cienega. Il est donc certain que ces montagnes sont d'un très-difficile accès; cependant on ne peut trop s'étonner qu'un sommet de plus de quatre mille mètres et se dressant à moins de quatre lieues de distance de Sainte-Marthe soit resté complétement inexploré jusqu'à ce jour. Les pics les plus élevés n'ont pas même reçu de noms, et personne n'a jamais su me dire quel était le San-Lorenzo, souvent cité dans les ouvrages de Humboldt. Je présume que ce grand voyageur désignait ainsi la Horqueta.

Ne pouvant trouver aucun Espagnol qui voulût me servir de guide, je me rappelai la promesse que j'avais faite à mon ami Zamba Simonguama et je résolus d'aller le visiter dans son village de Bonda, espérant trouver en lui un excellent compagnon. Je demandai naïvement où était situé Bonda, mais on me regarda d'un air étonné.

« *No hay gente en la sierra* (il n'y a personne dans ces montagnes).

— Comment! les villages sont déserts?

— *No hay gente, le digo, no hay que Chinos* (il n'y a personne, vous dis-je, il n'y a que des Chinois). »

Doublement étonné par cette assertion contradictoire qui niait l'existence d'habitants dans les villages de la Sierra et affirmait en même temps que les Chinois s'y étaient établis, j'insistai pour avoir la clef de cette énigme, et j'appris que les habitants de la plaine, blancs et noirs, portent seuls le nom de *gente* (gens); quant aux Indiens des montagnes, ils n'ont pas droit au titre d'hommes, ils ne sont que des Chinois.

Ce nom, de même que celui d'Indiens, évidemment imposé aux indigènes de l'Amérique par les premiers conquérants, est une nouvelle preuve que les Espagnols étaient fermement persuadés d'avoir découvert les côtes orientales de l'Asie. Christophe Colomb croyait que les côtes de Veragua, près de Porto-Bello, étaient à neuf journées de marche de l'embouchure du Gange. Pour lui, l'île de Cuba n'était autre que le Japon ou royaume de Cipango, la Côte-Ferme était une péninsule de la vaste et mystérieuse *Terra Sinensis*, et les Peaux-Rouges étaient des Chinois ou des Indiens. Dans l'embarras du choix, on leur donna les deux noms : l'un a été adopté en Europe, tandis que l'autre s'est perpétué dans l'Amérique du Sud jusqu'à nos jours. Longtemps les Castillans refusèrent le titre d'hommes aux indigènes et les traitèrent comme des bêtes brutes. Les nègres importés d'Afrique ne furent pas respectés davantage dans l'origine; mais, par suite des croisements et de l'abolition de l'esclavage, le mélange entre blancs et noirs s'opéra graduellement, tandis que les Indiens restaient à l'écart dans leurs vallées montagneuses. Peu à peu les nègres et les mulâtres, avec leur outrecuidance naïve et la puissance d'assimilation qui les distingue, se sont rangés hardiment dans la *gente*, et laissent aux Indiens seuls la qualification dédaigneuse de *ninguno* (personne). Il va sans dire que nul ne fait cette distinction injurieuse dans les États plus civilisés de la Nouvelle-Grenade, sur les hauts plateaux, où les Indiens forment la plus grande partie de la population et sont depuis longtemps nés à la vie politique. Les tribus indiennes qui ne sont point encore fusionnées dans la masse du peuple et vivent à part dans leurs villages ou leurs ranchos sont les seules que les habitants des villes se permettent de traiter ainsi; elles forment tout au plus la vingtième partie de la population néo-grenadine.

Le désir de voir ces *Chinos* ne pouvait qu'augmenter mon ardeur pour l'excursion de la Horqueta. Mon ami Ramon Diaz s'offrit à m'accompagner jusqu'à Mamatoco, village indien situé à une lieue de Sainte-Marthe, sur la rive gauche du Manzanarès. Le large sentier qui mène à ce village traverse les jardins, longe au nord de la vallée la base de la chaîne montagneuse, puis s'engage dans un défilé entre cette chaîne et quelques mamelons rocheux couverts de cactus. C'est par là que, pendant les fortes crues, le Manzanarès déverse ses eaux et menace la ville de Sainte-Marthe. Dans chacune de ses inondations, il apporte avec lui d'énormes quantités de sable qui recouvrent les chemins de leur masse mouvante et rendent la marche extrêmement pénible. Au delà du fleuve, que l'on traverse à gué, la route devient excellente, et l'on atteint en quelques minutes le village de Mamatoco, longue rue bordée de cabanes et aboutissant à une petite place où s'élève une maison à fenêtres et à verandah, appartenant au consul anglais.

Presque tous les Indiens, hommes, femmes et enfants, étaient occupés dans leurs jardins et dans leurs champs de cannes ; la rue était déserte, et les seuls habitants du village semblaient être les vautours *gallinazos*, perchés sur les toits de feuilles de palmier. Rien de spécial ne me retenant à Mamatoco, je pris congé de Ramon Diaz après avoir demandé les renseignements nécessaires, et je m'empressai de gravir le sentier montueux qui mène à travers les forêts à la belle vallée de Bonda.

Mon ancien compagnon de voyage, Simonguama, me reçut avec une explosion de joie et courut appeler ses amis pour fêter avec eux ma bienvenue par une bouteille de chicha ; ensuite il me servit un repas de fruits et de *pichipichis*[1], et me fit promettre de passer la nuit dans sa cabane. Vrai *caballero*, il me montra et mit à ma disposition ses outils, ses instruments et jusqu'à ses habits; mais il oublia de me présenter à sa femme, Indienne effarée, dont la chevelure en désordre flottait au vent comme une crinière de cheval. Jamais son mari ne lui adressait la parole; il se contentait de lui donner par signes des ordres qu'elle comprenait du reste admirablement et s'empressait d'exécuter aussitôt. Devant les étrangers, la femme du Peau-Rouge de la Sierra est toujours une esclave muette. D'où vient cet effacement absolu de l'épouse lorsqu'elle voit pénétrer un tiers dans la cabane conjugale? Peut-être d'un raffinement de jalousie chez l'époux. Avec cette religion qu'il met en général dans tous ses actes, le mari considère sa femme plutôt comme une institution que comme une personne; elle est sa propriété par excellence, et pour mieux la sauvegarder, il ne veut pas même qu'elle soit admirée. Le musulman voile sa femme; plus jaloux encore, l'Indien l'abaisse systématiquement devant l'étranger : il en fait une esclave, lui défend la parole, presque le regard, lui ôte toute individualité et la supprime pour ainsi dire. Faite à son rôle de machine, la femme l'exécute admirablement.

Mon titre de Français me valut un accueil em-

---

[1]. Petits coquillages bivalves offrant une certaine ressemblance avec le *cardium esculentum*.

pressé de la part de tous les Indiens invités par Zamba. Les pirates bretons et nantais, qui jadis écumaient la mer des Antilles et qui ont laissé tant de sanglants souvenirs sur les côtes de la Colombie, et de l'Amérique centrale, n'en voulaient qu'aux frégates, aux plantations, aux villes espagnoles, et dans leurs expéditions prenaient souvent les Indiens pour compagnons de meurtre et d'incendie. De là sans doute cette popularité qui s'attache au nom de Français. Malgré moi, je devenais solidaire des anciens pirates de l'île à la Tortue.

De même que les autres tribus de la Sierra-Nevada de Sainte-Marthe, toutes connues par les noms de leurs villages, Gaïra, Mamatoco, Masinga, Taganga, la tribu des Bondas descend de l'ancien peuple des Taïronas, qui, lors de l'arrivée des Espagnols, cultivait les vallées et les pentes des montagnes jusqu'au pied même des glaces, et pouvait, dit-on, mettre plus de cinquante mille combattants sous les armes. Plus d'une fois il repoussa les Espagnols en bataille rangée, et la plage de Gaïra garde encore le souvenir de la terrible lutte où toute une armée d'envahisseurs blancs fut exterminée jusqu'au dernier homme. Cependant les Indiens, attaqués de nouveau, cédèrent à la fin devant la discipline et les armes à feu des Européens, et probablement ils ne doivent qu'aux retraites de leurs montagnes d'avoir en partie échappé au fer et à la flamme. Aujourd'hui les descendants des antiques Taïronas sont dans un état de transition. Ils ne sont pas encore entrés dans le courant de la vie civilisée, comme leurs frères des États de Santander et de Boyacà, et cependant ils ne vivent plus dans la fière et sauvage liberté d'autrefois. Ils ne parlent même plus la langue de leurs pères, et depuis la guerre de l'indépendance, qui les a transformés en soldats et en citoyens, ils ont perdu le sentiment de la patrie locale pour se rattacher à la grande patrie grenadine. C'est dans ce nouveau patriotisme qu'est le germe de leur régénération future.

Les caciques des Indiens de la Sierra n'ont jamais eu qu'une autorité librement consentie par tous les membres de la tribu ; mais autrefois ils pouvaient juger tous les procès et prononcer tous les arrêts d'une manière absolue et sans appel. Aujourd'hui les caciques ne sont en réalité que de simples juges de paix, et toutes les affaires importantes doivent être portées devant le tribunal de Sainte-Marthe. Simonguama l'avait appris à ses dépens. S'il eût été jugé dans sa tribu, il n'aurait certainement pas été condamné à la forte peine qu'il avait dû subir pour avoir pénétré de nuit dans la cabane d'un mulâtre de Mamatoco et l'avoir complétement pillée. Chaque peuple a sa morale : aux yeux des autres Bondas, Zamba n'avait commis qu'une peccadille, et quand il revint du *presidio*, il n'avait rien perdu de sa considération.

Malgré les apparences, la religion des Indiens de la Sierra diffère également de celle des Samarios. Il est vrai qu'ils n'adorent plus le soleil : en général, ils ont même dans leur cabane une petite image de la Vierge fixée à une poutrelle par une épingle ou par un clou; mais cette image ne suffit pas pour les rendre catholiques. La sainte Vierge leur semble une bonne petite déesse, suffisante tout au plus à la protection du foyer, mais complétement impuissante au dehors de la cabane. Qu'ils franchissent le seuil de leurs portes, aussitôt ils voient les deux grandes pointes bleues de la Horqueta se dresser au-dessus des forêts et des pics. Cette double cime, c'est la grande, la redoutable déesse de toutes les tribus qui vivent à son ombre; c'est elle qui arrache des nuages au ciel pour les ceindre autour de son front, c'est elle qui épanche les torrents de ses gorges et de ses vallées, elle qui mugit par la voix des orages; la plaine qui s'étend à ses pieds est fertilisée par ses pluies et par ses ruisseaux. N'est-ce pas à elle qu'il faut reporter tout hommage pour la croissance des plantes et pour la nourriture journalière? N'est-ce pas devant elle qu'il faut trembler quand elle lance la tempête dans les vallées qui l'entourent?

Depuis son retour des galères, Zamba Simonguama avait eu déjà le temps de se faire industriel et de monter une petite sucrerie. Pendant les quelques instants de répit que me laissait son hospitalité trop empressée, je tâchai d'examiner en détail tous ses appareils de fabrication. De même que tous ceux des modestes usines de la Sierra, ils se réduisaient à bien peu de chose; mais ils ne m'en semblèrent pas moins respectables comme le type originel des machines compliquées et savantes que l'on voit aujourd'hui dans les usines importantes d'Europe et d'Amérique. Un âne attaché à un manége fait tourner l'un sur l'autre deux rouleaux à engrenages de bois; un enfant introduit le petit bout de la canne à sucre entre les deux rouleaux, la canne est écrasée, et le *vin de canne* s'écoule par un tuyau de bambou dans une énorme calebasse où un second enfant, muni d'une calebasse plus petite, puise le jus pour le transvaser dans la marmite qui sert à la fois de *grande*, de *flambeau*, de *sirop* et de *batterie*[1]. Cette marmite, soutenue par quelques briques, repose sur un fourneau creusé dans le sol, de sorte que, pour activer le feu, le chauffeur est obligé de sauter au fond d'un trou de plus d'un mètre. Toutes les vingt-quatre heures, on verse le sirop de la marmite dans un baquet où il se fige lentement, puis on le découpe en *panelas*, petits pains rectangulaires qui forment avec les bananes la base de l'alimentation dans les

---

1. Noms des quatre chaudières dans lesquelles le vin de canne doit passer successivement avant d'être tiré.

provinces septentrionales de la Nouvelle-Grenade. Il arrive souvent que des Indiens et des nègres se contentent de sucre à leurs repas. J'ai calculé que sur les côtes atlantiques de la Colombie chaque personne mange plus de cent cinquante kilogrammes de sucre par an. Dans aucun pays du monde, pas même dans les Antilles, la consommation de cette denrée n'est aussi considérable; nulle part aussi la canne n'est plus riche en sucre, et bien que les moyens d'extraction soient tout à fait primitifs, le rendement du vin de canne en sucre cristallisé est d'environ seize pour cent.

La nuit venue, Simonguama, voulant me donner l'hospitalité en véritable gentilhomme espagnol, fit déployer par sa femme une grande toile neuve tissée des fibres de l'agave américaine; puis, montant sur un tronc de gayac qui servait alternativement de chaise et de table, il parvint à hisser cette toile sur mon lit, espèce de claie fixée au-dessous du toit. Jamais peut-être un Indien n'avait montré pareil luxe, et je manifestais ma reconnaissance à Zamba, lorsque tout à coup un scorpion tomba d'un pli de la toile. Mes remercîments expirèrent sur mes lèvres, et ce fut avec une véritable frayeur que je grimpai sur ma couche. Ma nuit fut assez peu confortable, je l'avoue; il me semblait à chaque instant qu'un autre scorpion allait me plonger son dard dans les chairs.

Le lendemain, en descendant du perchoir de cannes sauvages sur lequel j'avais si désagréablement passé la nuit à trois mètres au-dessus du sol, j'engageai Simonguama à m'accompagner à la Horqueta ; mais il m'avoua ne pas connaître cette région des montagnes et n'avoir parcouru que les *sierritas* du voisinage. Il s'offrit en même temps à me conduire jusqu'à Masinga, village situé au sommet d'une terrasse très-élevée d'où l'on jouit d'une vue admirable sur la mer et la plaine de Sainte-Marthe. Il m'affirmait que là je trouverais facilement un guide. En effet, à peine eus-je adressé ma demande au *caporal* ou cacique des Indiens de Masinga, que celui-ci me présenta un jeune homme qui, disait-il, pourrait me mener *en toda parte del mundo* (dans toutes les parties du monde). Je me hâtai de conclure le marché avec ce guide incomparable, et nous partîmes aussitôt.

Pendant plusieurs heures consécutives, nous marchâmes à travers la forêt, sur le versant d'une vallée où nous entendions rouler un torrent, puis nous suivîmes un chemin frayé par les chèvres au milieu des pâturages, et vers deux heures de l'après-midi nous arrivâmes sur un plateau aride où se perdait toute trace de sentier. En face, bien au-dessus de nos têtes, apparaissait, bleue et sereine, la double tête de la Horqueta, séparée de nous par un abîme ; en nous retournant, nous pouvions encore apercevoir la plaine étalant sa ceinture verte autour du bassin tranquille du port. Le guide, qui jusquelà avait marché d'un pas ferme, donnait des signes d'inquiétude ; il était évidemment arrivé au bout de ce monde qu'il connaissait si bien, et ce fut à mon tour de le conduire. Je montai d'abord sur un grand *peladero*[1], dans l'espérance de pouvoir contourner du côté du sud la grande vallée qui s'étend au pied de la Horqueta ; mais je vis qu'il fallait nécessairement franchir ce gouffre, et, choisissant pour descendre une gorge dont les pentes étaient couvertes d'un fourré de cannes épineuses, je descendis de mon mieux dans le lit du torrent. Les bords en étaient ombragés par une végétation tellement enchevêtrée que pour avancer il était souvent plus facile de nous glisser de branche en branche comme des singes que de ramper sur le sol. Après nous être déchiré les vêtements, les mains et le visage, nous parvînmes à atteindre le plateau qui domine l'autre rive ; mais arrivés à la lisière de la forêt qui s'étend sur les pentes mêmes de la montagne, il nous fut impossible de franchir la barrière des troncs, des lianes, des parasites entrelacés. En même temps un orage menaçant se formait sur nos têtes. Il fallut bien céder aux plaintes de mon guide et me décider à faire ignominieusement volte-face. Ainsi

1. Monticule de roches dénudées par les agents atmosphériques.

qu'on me l'avait prédit à Sainte-Marthe, les sortiléges du diable l'avait emporté.

Pour redescendre à Masinga, le chemin le plus commode me sembla le lit du torrent dont nous avions longé la vallée. Ce fut une descente pénible : pendant plus de deux heures, sous une pluie battante, il nous fallut bondir de degré en degré sur un immense escalier dont les marches sont des rochers et des troncs d'arbres jetés au hasard. Tous ceux qui sont habitués aux courses de montagnes savent que, pour descendre ainsi, il faut s'en remettre entièrement à son instinct et laisser se réfugier dans les membres l'intelligence qu'on a ordinairement dans la tête; réfléchir, alors qu'un pied s'arrête sur la pointe d'un roc et que l'autre se balance dans l'espace, c'est tomber, et tomber, c'est se fendre le crâne. Tantôt il faut sauter par-dessus une branche d'arbre, tantôt ramper au-dessous, puis s'élancer sur un rocher au milieu de l'eau blanche d'écume, se tenir en équilibre sur le bord d'un précipice, appuyer son pied sur l'anfractuosité d'une paroi verticale et savoir se retenir à une branche de bois mort sans la briser, à une touffe d'herbe sans l'arracher.

Nous descendions ainsi, lorsque tout d'un coup je ressentis à l'œil une vive douleur ; une guêpe du pays, la *conchahona*, dont j'avais par mégarde frappé le nid suspendu à une branche d'arbre, venait de me percer la paupière. En quelques secondes, l'œil piqué était entièrement fermé, et l'autre ne laissait passer la lumière qu'à travers une fente étroite. Je n'y voyais plus qu'à peine, et je me laissais péniblement glisser de bloc en bloc, quand soudain je me trouvai dans l'eau jusqu'à mi-corps, au fond d'un petit bassin creusé dans le rocher à côté d'une cascade mugissante.

Heureusement que les premières cabanes de Masinga n'étaient pas éloignées; je m'y traînai péniblement à l'aide de mon guide, et j'allai chez le caporal réclamer l'hospitalité à laquelle ma qualité d'étranger me donnait droit. Mon hôte mit aussitôt une compresse sur mes yeux, me hissa sur la claie de cannes sauvages attachée aux poutres du toit; puis il s'empressa d'aller chercher le médecin sorcier du village. Celui-ci, beau jeune homme à l'œil rêveur, à la démarche hésitante, me caressa longuement la figure comme les Indiens ont l'habitude de le faire à leurs malades, puis il m'appliqua sur la paupière une feuille de *naranjito*[1]. En peu de minutes, je me sentis complétement guéri.

1. Arbuste dont la feuille ressemble à celle de l'oranger.

VIII

SAN-PEDRO. — MINCA. — LE PLANTEUR PHILOSOPHE. LES COURRIERS.

Pendant mon séjour de quelques semaines à Sainte-Marthe, j'avais déjà pu m'apercevoir qu'il me serait assez difficile de fonder une exploitation agricole telle que je l'entendais. Presque toute la plaine est divisée en parcelles d'assez médiocre étendue, appartenant à des métis et à des noirs qui cultivent eux-mêmes leurs arbres fruitiers et viennent tous les matins porter à la ville le produit de leur cueillette. Je ne pouvais guère penser à entrer en association avec l'un de ces agriculteurs, braves gens vivant sans aucune préoccupation de l'avenir, et passant leur vie, assez paresseuse d'ailleurs, en disputes au sujet des conduits d'irrigation, souvent accaparés au profit d'un seul. Quant aux vallées et aux pentes de la Sierra, dont les terrains, d'une exubérante fertilité, suffiraient pour nourrir amplement un demi-million d'hommes, ils ont été concédés depuis longtemps à quelques grands capitalistes qui ne veulent ni vendre ni cultiver, et, dans le vague espoir d'une future colonisation entreprise sur une échelle gigantesque, refusent d'aliéner la moindre partie de leur immense territoire. Ils ne l'ont jamais visité, jamais ils n'ont essayé d'en parcourir les solitudes, ils en ignorent même la véritable étendue ; mais du moins peuvent-ils chaque soir, en se promenant le long de la plage, contempler les montagnes bleues, les vallées pleines d'ombre qui leur appartiennent, et se dire avec satisfaction : Tout cet horizon est à moi !

Les pentes de la Sierra-Nevada faisant face à Sainte-Marthe sont les seules qui aient été monopolisées en prévision des immigrations futures ; les autres versants et la plus grande partie de la chaîne centrale n'ont encore été concédés à personne par le gouvernement de la république, et tout colon sérieux peut s'y établir sans passer sous les fourches caudines d'un premier cessionnaire. Malheureusement ces régions sont tout à fait inaccessibles aux voyageurs partis de Sainte-Marthe, et, pour pénétrer dans l'intérieur même du massif de la Sierra, il faut nécessairement choisir comme point de départ la ville de Rio-Hacha, ou les villages situés au midi dans la grande vallée du Rio-Cesar. Je devais donc me résoudre à quitter cet Eldorado de la plaine du Manzanarès; mais afin d'en jouir aussi longtemps que possible, je résolus de compléter dans les environs de Sainte-Marthe mes études préliminaires sur l'agriculture tropicale.

A cette époque, les seules exploitations importantes du district étaient celles de San-Pedro et de Minca, appartenant toutes les deux au même propriétaire, señor Joaquim Mier, le plus riche commerçant de la ville. San-Pedro est situé non loin de Mamatoco, entre le Manzanarès et son principal affluent, descendu des gorges de la Horqueta. L'eau, cet élément nécessaire des plantes, coule en murmurant dans les petits aqueducs ménagés le long des canaux de service; des arbres gigantesques croissant au bord du fleuve balancent leur feuillage d'un vert sombre au-dessus des vastes champs de cannes; dans le jardin, d'où s'échappent des parfums irritants, se montrent d'innombrables arbustes couverts de fleurs qui s'étalent en nappes ou ruissellent en cascades sur les branches inclinées; partout la nature fait son œuvre en mère généreuse et donne des produits magnifiques presque sans l'intervention du travail de l'homme. La ferme contraste assez péniblement avec la végétation exubérante qui l'environne. Les bâtiments d'exploitation sont en mauvais état; les cours sont dépavées; la machine à vapeur, toute détraquée, fonctionne rarement, et la plus grande partie du vin de canne est distillée et transformée en chicha. C'est à San-Pedro, dans une modeste chambre de la maison d'habitation, que mourut en 1830 le général Bolivar, accusé par ses concitoyens d'avoir attenté aux libertés de sa patrie et d'avoir gouverné en empereur la république dont on l'avait nommé président.

Minca, ainsi nommée d'une tribu d'Indiens qui jadis habitait cette partie de la Sierra, est l'une des plus anciennes plantations de café du nouveau monde, et les produits en sont célèbres sur toutes les côtes de la mer des Caraïbes. Aussi les cafés de Cucutà, de la Sierra-Negra et d'autres provenances en usurpent-ils souvent le nom. Les étrangers qui font un séjour de quelques semaines à Sainte-Marthe ne manquent pas d'aller visiter Minca, et, malgré la fatigue d'une marche de cinq heures par des chemins raboteux, ne regrettent jamais cette excursion, la seule qu'ils puissent faire sans danger dans la Sierra proprement dite.

Après avoir contourné l'usine de San-Pedro, on gravit successivement les pentes arides de plusieurs peladeros, puis on suit le bord d'une gorge profonde que l'on devine plutôt qu'on ne la voit, tant les arbres y sont pressés l'un contre l'autre. Quand, de l'étroit sentier où l'on est comme suspendu, on se penche pour regarder au fond de la vallée, on n'a sous les yeux qu'un abîme de feuillage, un mélange inextricable de troncs, de lianes et de feuilles. A peine voit-on briller un point blanc, un flocon d'écume qui indique le passage du torrent dont les cascades mugissent pourtant comme un orage. Bien au-dessus du sentier, les mêmes arbres dont on n'a pu distinguer au fond du gouffre les troncs cachés par un amas de feuilles entrelacent leurs cimes, et ne laissent passer à travers leurs branches qu'une vague et mystérieuse lumière. Le sol sur lequel on marche disparaît sous les plantes de toute espèce : on pourrait se croire perdu dans un océan de verdure. Une fois même il m'arriva de ne pouvoir me rendre compte du paysage environnant : il me semblait que je passais sur un pont de verdure jeté au-dessus d'un torrent dont j'entendais l'eau mugir à une grande profondeur; mais les arbres qui se dressaient à droite et à gauche étaient si bien enguirlandés de parasites en fleurs, les abords du pont étaient tellement embarrassés de hauts arbustes entremêlés, que je ne pus savoir s'il était dû au travail de l'homme, ou s'il n'était autre chose qu'une arche de rocher percée par le torrent.

On comprend que, dans une nature aussi fougueuse, le sentier soit très-souvent oblitéré par la végétation, obstrué par des arbres abattus, raviné par des inondations soudaines ; cependant à côté de ce chemin, dont les courbes et les zigzags changent tous les ans sous les pas des animaux et des piétons, on voit encore l'ancien chemin des Indiens Mincas, pavé de dalles de granit longues de plus d'un mètre. Dans les endroits où la pente de la montagne est très-rapide, ces dalles sont disposées en marches d'escalier; le plus souvent elles sont posées à plat sur le sol incliné, et forment un pavé glissant sur lequel les montures n'osent s'aventurer, surtout en temps de pluie. D'ailleurs ce chemin ne tourne aucun obstacle, et gravit les collines escarpées, descend à pic dans les vallées, sans dévier de la ligne droite; on voit qu'il a été construit par une race de montagnards auxquels la fatigue était inconnue. Aujourd'hui il ne reste plus des Indiens Mincas que le nom et cette route monumentale, à côté de laquelle les Espagnols ont tracé leur sentier coupé de fondrières.

Du sommet d'un rocher escarpé que traverse le chemin, on découvre tout à coup la plantation de Minca, vaste clairière que la forêt environne de toutes parts de ses flots de verdure. Un pont jeté sur le torrent de Gaïra, puis une avenue d'orangers conduisent à l'habitation principale, située à six cents mètres de hauteur, à mi-pente d'un contrefort de la Horqueta, et dominant une gorge sauvage qui s'arrondit en demi-cercle au pied de la montagne. Malheureusement cette caféterie n'est pas mieux tenue que la sucrerie de San-Pedro. Les caféiers, plantés en quinconces, de trois en trois mètres, sont couverts de mousse; de rares cerises mêlent leur rouge éclatant au vert du feuillage; des herbes percent à travers le sol battu de l'aire où l'on étale les baies pour en faire sécher l'enveloppe. Les ouvriers semblent aussi beaucoup plus soucieux de faire la sieste que de sarcler les champs.

Chose étonnante! dans cette plantation si fertile, où l'on n'a qu'à semer au hasard pour que la terre produise au centuple, où l'on pourrait faire croître dans le même verger tous les arbres fruitiers du globe, on n'a pas songé à défricher une partie de la forêt pour y établir une bananerie ou un jardin potager, et tous les matins il faut qu'une caravane de *peones*[1], d'ânes et de mulets aillent chercher à Sainte-Marthe, à cinq lieues de distance, les provisions de chaque jour. Quand je me fus présenté moi-même au *capataz* Fortunato, le brave homme fut vraiment effrayé de mon arrivée inattendue, et put à grand'peine découvrir dans la plantation quatre bananes et une panela de sucre pour remplir envers moi les premiers devoirs de l'hospitalité. D'ordinaire les visiteurs apportent des vivres avec eux, afin de n'être pas réduits pour tout repas à quelques tasses de café.

1. Ouvriers, terrassiers, manœuvres.

La décadence de Minca date de l'abolition de l'esclavage. Avant cette époque, un grand nombre de nègres travaillaient, non point sous le fouet, car il était bien rare en Colombie que les esclaves fussent maltraités par leurs maîtres, mais sous une surveillance constante, une contrainte morale à laquelle il leur était presque impossible d'échapper. Ils donnaient tous les jours leur travail presque gratuit, et que le maître fût présent ou éloigné, l'ouvrage ne s'en faisait pas moins dans la saison favorable, les produits se recueillaient au temps voulu, et l'argent payé pour les récoltes affluait régulièrement dans la caisse. Lorsque la liberté fut rendue aux esclaves, les maîtres se gardèrent bien de rien changer à leur système d'agriculture, et suivirent avec scrupule leurs anciens errements : au lieu de se transporter dans leurs propriétés, d'y surveiller eux-mêmes le travail, ils se déchargèrent sur un capataz du soin de chercher des ouvriers, de régler les prix, et ils virent en conséquence leurs rentes diminuer peu à peu.

Dans un pays comme la Nouvelle-Grenade, où chaque homme libre peut avoir un domaine, où les exigences de la vie matérielle, réduites à la simple nourriture, ne demandent qu'un travail insignifiant, tout propriétaire doit, afin de prospérer lui-même, intéresser directement le travailleur à sa prospérité. Quelque temps après mon départ de Sainte-Marthe,

M. Joaquim Mier fit venir de Gênes une cinquantaine d'agriculteurs, avec lesquels il espérait transformer de nouveau Minca en une propriété florissante. Ces Italiens passèrent dans le *far niente* le plus absolu les trois mois de leur engagement, puis aussitôt après se dispersèrent çà et là, travaillant, défrichant pour leur propre compte; la plupart se réunirent sur le bord de la Cienega de Sainte-Marthe, dans un village de formation récente, la Fundacion. Là, près de cent familles européennes s'adonnent à la culture du tabac et des arbres fruitiers; dans l'espace de quatre ou cinq ans, sous la seule impulsion du travail libre, ce point est devenu le centre agricole le plus important des côtes de la Nouvelle-Grenade.

A mon retour de Minca, j'eus l'occasion de voir une fois de plus combien il est facile de s'enrichir par le travail agricole dans les régions montagneuses de la Nouvelle-Grenade. Au fond d'un vallon, j'aperçus un sentier latéral serpentant entre les tiges pressées des *bihaos*[1]; je le suivis avec une certaine curiosité, et bientôt je me trouvai dans une clairière, devant un hangar réduit aux plus simples proportions, et consistant uniquement en un grand toit de feuilles de palmier reposant sur quatre pieux. Dans un hamac suspendu par de longues

1. *Heliconia bihai*, bananier des singes. C'est une plante qu'au premier abord on pourrait facilement confondre avec le bananier.

cordes aux poutrelles du toit se balançait un vieillard de fière mine, lisant paisiblement un journal. A côté de lui, deux peones dormaient sur des nattes ; un mulet, attaché à un des pieux du hangar, mâchait languissamment des épis de maïs ; çà et là étaient épars des machettes, des selles, des vêtements, des marmites, des assiettes ; dans un coin, entre deux pierres noircies par la fumée, quelques charbons achevaient de s'éteindre. Au bruit que je fis en frôlant les feuilles de bihao, le vieillard se retourna, et, tout joyeux de voir un caballero étranger, se redressa dans son hamac, et m'invita courtoisement à me reposer à l'ombre de son toit ; puis il réveilla un de ses peones et lui ordonna de tendre un second hamac et de me préparer une tasse d'*aljenjibre*[1].

Trop poli pour me questionner sur le but de ma promenade, il se hâta de prévenir mes explications en me racontant lui-même comment il en était venu à s'établir ainsi dans un rancho perdu au milieu des forêts. Devenu héritier, depuis quelques mois seulement, d'un territoire de plusieurs lieues carrées, señor Collantes, frappé d'une inspiration soudaine, avait pris la résolution, bien étrange aux yeux de ses amis, d'aller cultiver une partie de son vaste domaine. Choisissant, près du chemin de

---

1. Boisson exquise et salutaire produite par l'infusion d'une racine de gingembre dans une eau fortement sucrée.

Minca, un vallon abondamment arrosé et dépourvu de grands arbres, il y fit mettre le feu sur plusieurs points à la fois, et l'incendie, se propageant avec rapidité à travers les hautes herbes, forma bientôt une vaste clairière où se dressaient encore çà et là quelques troncs noircis. Deux ou trois jours suffirent pour que le rancho s'élevât au milieu des cendres ; le hamac y fut suspendu, et Collantes s'y installa comme sur un trône. Sans se déranger de sa position horizontale, il surveillait d'un coup d'œil tous les travaux agricoles et indiquait du geste dans quelle partie du vallon ou des collines environnantes il fallait semer le tabac, planter les bananiers ou les cannes à sucre. Il prenait ses repas avec les ouvriers, buvait avec eux le gingembre ou le café, et ne manquait jamais, bien avant le fort de la chaleur, de les rappeler pour la grande sieste. Tous les trois ou quatre jours, un peon allait à la ville chercher les journaux, les lettres et les provisions ; une fois toutes les semaines, quelque ami ou bien un étranger allant à Minca venait rendre une visite au vieillard ; celui-ci, vrai philosophe, n'en demandait pas davantage pour être heureux. Il était à l'abri de la pluie ; son hamac et sa couverture lui tenaient lieu de tous les comforts que l'on croit nécessaires dans les villes ; son journal lui apprenait ce qui se passait de par le monde ; il voyait ondoyer sous la brise ses bananiers et ses cannes : que pouvait-il désirer de plus? D'ailleurs son entreprise devait immanquablement réussir, car ses dépenses étaient presque nulles, ses récoltes étaient vendues d'avance à un prix élevé, et il avait eu soin de s'assurer en tout temps le travail des peones en faisant d'eux ses libres associés.

Pour étudier la pratique de l'agriculture tropicale, j'aurais peut-être bien fait de demander l'hospitalité pendant deux ou trois semaines au planteur Collantes; mais je préférai m'établir dans le voisinage de la ville, chez un jeune et intelligent Italien qui, depuis plus d'un an, possédait à une demi-lieue de Sainte-Marthe une *rosa*[1] où il cultivait les espèces d'arbres fruitiers les plus importantes et quelques plantes industrielles. Ce jeune homme, heureux de rencontrer un compatriote, car dans l'Amérique du Sud tous les Latins se disent frères, accueillit ma demande avec joie, et sous sa direction je me mis immédiatement à l'œuvre. Dans l'espace de quelques semaines, j'appris à reconnaître les diverses variétés de fruits et de semences; je plantai une rangée de bananiers, j'aidai à réparer une partie du canal d'irrigation, je m'essayai tant bien que mal à faire de la fécule de manioc, tout cela au grand ébahissement d'un sambo qui gagnait en maugréant ses quarante sous par jour, et ne pouvait compren-

1. Rose : dans la Nouvelle-Grenade, on appelle ainsi les jardins et les vergers.

dre qu'un homme dans son bon sens pût trouver quelque plaisir au travail.

J'en prenais cependant beaucoup, et, pour faire encore mieux mon apprentissage, en m'élevant à la dignité de propriétaire, j'imaginai d'acheter un charmant jardin d'un hectare de superficie, situé sur le bord du Manzanarès et parfaitement arrosé. On me l'offrait avec sa maisonnette et tous ses arbres fruitiers pour la modique somme de trente-huit francs. J'étais sur le point de conclure le marché, lorsqu'en allant consulter mon Italien je le trouvai étendu sur sa natte le crâne fracassé; dans une rixe survenue après boire, un compagnon de bouteille lui avait asséné un terrible coup de bâton. Cette aventure, qui me révélait certaines habitudes de mon professeur, refroidit mon zèle, et ne trouvant personne qui pût me servir de patron à la place d'Andrea Giustoni, je résolus de ne plus différer mon départ pour la ville de Rio-Hacha.

Je pouvais choisir la voie de terre ou celle de mer : la première me semblait infiniment plus agréable; mais nous étions au commencement de la saison pluvieuse, et sans m'entourer d'une foule de précautions que je n'étais pas en mesure de prendre alors, il m'eût été impossible de faire transporter mes effets le long de la plage. D'ailleurs la course eût été horriblement fatigante. Les courriers de la poste, les seuls auxquels j'aurais pu demander de me servir de guides, font en trois jours le trajet de cent soixante-quinze kilomètres entre Sainte-Marthe et Rio-Hacha; cependant les deux premières étapes n'offrent qu'un seul rancho où l'on puisse obtenir quelques secours en cas d'accident; il n'y a pas même de chemin frayé d'une ville à l'autre, et il faut nécessairement suivre le bord de la mer entre l'eau bondissante et les hautes falaises dont le flot vient ronger la base. Souvent on doit saisir le moment précis où la vague se retire et s'élancer dans l'eau jusqu'à mi-corps pour tourner l'extrémité d'un promontoire. Si l'on hésite un seul instant, la vague revient tourbillonner au-dessus du voyageur et le roule à travers les pierres éparses ou le broie contre la falaise. Vingt fleuves débouchent dans la mer entre Sainte-Marthe et Rio-Hacha. A l'époque des sécheresses, la plupart déversent leurs eaux dans les lagunes marécageuses que sépare de la mer un cordon littoral; mais pendant la saison des pluies ils s'ouvrent à travers les sables de nombreuses embouchures toujours changeantes, et parfois les courriers, dans leur marche de trois jours, ont à traverser plus de cent bras d'eau courante. Lorsque ces fleuves ne sont pas très-profonds, on peut suivre la barre marquée par la ligne blanche des brisants; mais, tout en marchant sur le sable qui cède sous les pas, il ne faut pas oublier de donner à droite et à gauche des coups de machette, afin d'effrayer les monstres, crocodiles ou requins, qui pourraient rôder dans le voisinage. Si l'eau est trop profonde ou le courant trop rapide pour qu'on puisse passer à gué, on s'attache solidement sous les bras deux outres ou *balsas*, afin de garder la tête et la poitrine hors de l'eau, et, le sabre à la main, on traverse ainsi l'embouchure. L'administration a choisi pour courriers de jeunes Indiens, marcheurs que rien ne lasse, et qui pourraient au besoin fournir la course entière sans se reposer un instant; à leur arrivée, ils semblent encore aussi frais qu'au moment du départ. Ils sont toujours au nombre de trois, afin de pouvoir intimider les jaguars; l'un porte sur le dos la malle des dépêches, le second est chargé du sac des provisions, au troisième sont confiées les armes et les outres. Chaque course est payée environ vingt francs.

Certain d'arriver à demi mort si j'essayais de suivre ces terribles marcheurs, je pris le parti plus sage d'aller par mer, d'autant plus que pour pénétrer dans l'intérieur de la Sierra, comme j'en avais l'intention, je devais suivre plus tard la partie la plus intéressante de ce chemin. J'allai choisir ma cabine dans la goëlette *Margarita*, en partance pour Rio-Hacha, et je dis adieu à tous mes amis, puis à cette ville de Sainte-Marthe, si belle au milieu de ses jardins, à l'ombre de ses grandes montagnes. A peine avions-nous dépassé le Morro que la cité disparut tout à coup comme un rêve, le plus beau que j'aie fait de ma vie, et la Sierra-Nevada, les promontoires, les îles furent cachés par des milliards de papillons blancs tourbillonnant autour de nous en une immense trombe.

Durant toute la traversée, ce nuage mouvant nous cacha le panorama de la chaîne, et pour abréger les heures, je fus forcé de recourir à ma petite bibliothèque. Quel ne fut pas mon étonnement en ouvrant mes livres, en apparence intacts, de les trouver presque entièrement évidés comme des boîtes dont on aurait enlevé le contenu! Pendant mon séjour à Sainte-Marthe, en l'espace de quelques semaines, les termites avaient tout dévoré, sauf les couvertures et les tranches, et de l'œuvre entière d'un célèbre philosophe éclectique, il ne me restait plus que le titre imprimé en belles lettres majuscules. Singulière ironie du sort!

Après une traversée de deux jours, nous arrivâmes dans l'après-midi en vue des escarpements ou *barrancos* d'argile rouge qui prolongent à l'ouest la côte de Rio-Hacha, et le soir même je débarquai sur la longue jetée du port.

IX

LE CERCLE FRANÇAIS. — LA COLONIE D'ÉTRANGERS.

Sainte-Marthe, si remarquable par la magnificence de sa position, diffère peu des autres cités de la république sous le rapport des habitants et des mœurs. Rio-Hacha au contraire est une ville à part et les sujets d'étude s'y présentent en foule. Avant-poste de la civilisation grenadine, elle n'est séparée des tribus sauvages que par l'embouchure d'un fleuve. Là se rencontrent et s'unissent par les liens d'un commerce actif plusieurs sociétés complétement différentes d'origine et de coutumes : les hommes de sang mêlé qui forment la majorité de la population, les Goajires nomades, les Aruaques industrieux et craintifs, çà et là quelques Européens, groupes épars qui représentent l'élément moderne du progrès.

Avant de me faire ses adieux, le capitaine de *la Margarita* m'engagea vivement à choisir pour gîte le *Palacio Verde*. J'étais déjà fait aux exagérations de langage; cependant le nom ambitieux de Palais Vert me fit supposer des balcons élégants, de longues arcades mauresques, des massifs de palmiers, des jets d'eau bruissant au milieu des fleurs. J'arrivai bientôt à l'endroit désigné, mais j'eus beau regarder, je ne vis qu'une simple maisonnette basse et percée de cinq ou six fenêtres à volets verts qui lui avaient sans doute valu le nom sonore dont l'avait gratifié le propriétaire. Le *Palacio Verde* servait alternativement de collège et d'auberge; lorsque je me présentai, il était occupé par une quinzaine de gamins qui, sous prétexte d'apprendre à lire, se pourchassaient autour des tables et montaient sur les bancs. Le directeur du collége s'avança gravement vers moi, sa grammaire espagnole à la main, et m'annonça que pour le moment il n'était plus aubergiste : « Ma maison et tout ce que je possède sont à vôtre disposition, comme moi-même; cependant, si vous préférez demeurer à l'hôtel, je vous recommanderai la maison de votre compatriote l'ingénieur don Antonio Rameau. »

Celui-ci, personnage gras et fleuri, simplement vêtu d'une chemise et d'un caleçon, était assis devant sa porte au milieu d'un groupe de personnes à peine habillées plus décemment que lui. Il déploya pour me recevoir des manières parisiennes qui contrastaient singulièrement avec son costume, et me présenta l'un après l'autre les membres de la société, tous compatriotes ; c'était une véritable colonie de Français amenée par le hasard sur cette plage lointaine. L'assemblée me reçut avec une explosion de joie, mais elle me fit subir aussitôt un interrogatoire en règle. J'étais un représentant de la patrie, et comme tel, je ne m'appartenais plus à moi-même, j'étais devenu la propriété de mes nouvelles connaissances, et le droit de m'accabler de questions leur était acquis.

On sait que notre nation est instinctivement plus attachée au sol natal qu'aucune autre nation d'Europe ; les émigrants français qui s'exilent volontairement laissent toujours leur cœur près du foyer domestique et nourrissent jusqu'à la mort l'espoir de revenir. Excepté dans les grandes villes, où ils forment des communautés nombreuses, ils se sentent complétement dépaysés ; ils se reprochent sans cesse d'avoir pu quitter la terre chérie ; ils protestent obstinément contre les nouvelles circonstances dans lesquelles ils se trouvent et refusent presque toujours de se faire naturaliser citoyens des républiques qu'ils habitent. Le Français, séparé de la patrie par les flots de l'immense mer, semble croire que la seule capitale de la civilisation est Paris, que la seule voix du monde est celle qui part de la France. En tout compatriote, quelle que soit son origine ou son passé, il s'empresse de voir un ami, et le nom de Français lui fait pardonner fautes et crimes. Il n'en est pas de même pour l'Anglais : celui-ci est plus exclusif dans son patriotisme; il est à lui-même son propre pays et peut se passer de frères. Quant aux Allemands émigrés, la plupart d'entre eux dépouillent leur nationalité comme un vêtement, et souvent ils affectent à l'étranger de se mépriser les uns les autres.

Le cercle français de Rio-Hacha se réunissait tous les soirs devant la maison de l'ingénieur Rameau ou dans le patio du vice-consul. Ce dernier, excellent vieillard qui, pendant mon long séjour à Rio-Hacha, m'a rendu de nombreux et importants services, habitait la Nouvelle-Grenade depuis trente ans; il n'était plus Français que par son patriotisme exalté : son mariage, ses relations, son commerce, ses mœurs, l'avaient sous tous les autres rapports transformé en Néo-Grenadin ; il ne présentait plus aucun des traits saillants qui distinguaient ses compatriotes.

Mon hôte l'ingénieur, ou pour parler plus modestement le maréchal ferrant Rameau, était encore un enfant de Paris, et son caractère n'avait en rien changé depuis son arrivée à Rio-Hacha. Fils d'un huissier au ministère de l'intérieur, il avait fait ses études à l'école des arts et métiers d'Angers. Il avouait lui-même n'avoir jamais rien compris à la science et n'avoir étudié que des recueils de chansonnettes; mais, grâce à sa dextérité naturelle, il était devenu, sans grand travail, un excellent ouvrier. A sa sortie de l'école, il s'était empressé de se marier, et depuis quelques mois déjà il était en ménage, lorsque, dans un café, il fit la rencontre d'un joyeux négociant du Havre chargé par ses correspondants de Rio-Hacha du soin d'expédier par le prochain courrier un ingénieur qui sût forer un puits artésien. Le négociant propose l'affaire à Rameau. Le jeune marié hésite d'abord, mais la triple perspective de visiter le nouveau monde aux frais d'une compagnie, de gagner une somme considérable et de mériter le titre d'ingénieur, le décide bientôt. Afin d'apprendre la théorie des forages, il achète un volume d'une encyclopédie populaire, puis il fait pour le compte de la Société grenadine l'acquisition des engins indispensables, embrasse sa femme et son vieux père, et le voilà déjà voguant sur l'Atlantique et s'efforçant, malgré le mal de mer, de parcourir son manuel. Arrivé à Rio-Hacha, il se met hardiment à l'ouvrage et fore au premier endroit qu'on lui désigne, sans faire la moindre étude préliminaire sur la nature géologique du sol. Le travail marche bien pendant quelques semaines; mais les outils se cassent sur un banc de rochers. Il les retire, les répare de son mieux et recommence le forage. Les machines se brisent de nouveau, et l'argent souscrit par les actionnaires se dépense en réparations et en achats. Des récriminations s'élèvent : on accuse l'ingénieur français de ne pas savoir son métier, et finalement on l'invite à donner sa démission ; puis on jette les outils dans le trou de sonde, et on recouvre le tout de quelques planches.

Malgré l'évanouissement de ses rêves de gloire et de fortune, Rameau ne s'est pas découragé ; il s'est fait architecte de la cathédrale de Rio-Hacha, maréchal ferrant, forgeron, armurier, brocanteur, maître d'hôtel ; il répare des arcs et des flèches, fabrique des étriers et des éperons pour les Indiens Goajires. La fortune lui sourit, et grâce à ses nombreux talents, il peut se permettre de faire tous les jours une sieste de plusieurs heures. Il a pris une *comprometida* pour gouverner sa maison et voit grandir autour de lui une demi-douzaine d'enfants de toutes les couleurs et complétement nus. C'était là mon amphitryon.

Le doyen des Français de Rio-Hacha était don Jaime Chastaing, menuisier ébéniste de son état, mais rentier par nature. C'était un individu sec et parcheminé, toujours coiffé d'un bonnet de coton qu'il portait sur l'oreille d'un air délibéré. Habile ouvrier, il avait quitté la France sur la foi d'un capitaine de navire qui dépeignait Rio-Hacha comme un Eldorado ; mais, paresseux au delà de toute expression, il avait dédaigné de travailler pour s'enrichir, et peu à peu il était tombé dans une misère relative. Aussi quelle amertume quand il était obligé de rester deux ou trois jours devant son établi pour gagner de quoi faire face aux dépenses de tout un mois! Il en prenait occasion pour maudire sa destinée et se croire le plus malheureux des hommes. Grand contradicteur, il ne sentait la joie renaître dans son âme que lorsqu'il avait pu triompher dans une petite escarmouche de paroles et de sophismes; alors il caressait sa moustache blanche, inclinait d'un air provocateur son bonnet de coton et parlait avec complaisance des avantages de l'étude. Peu de jours après mon arrivée, il découvrit dans ma chambre quelques numéros dépareillés d'un recueil philosophique : ce fut pour lui la découverte d'un monde. Désormais il ne discuta plus que sur le moi et le non-moi, l'immortalité de l'âme, la personnalité de Dieu et autres questions transcendantales. Fort des armes qu'il prenait dans son arsenal de syllogismes, il triomphait de tous ses adversaires, et on n'osait qu'en tremblant aborder certains sujets dont il s'était réservé le monopole. Le seul sentiment qu'il se gardât de contredire était l'amour de la patrie; il parlait de la France avec le même respect que les autres membres du cercle.

Vers le commencement de mon séjour à Rio-Hacha, un nouveau venu augmenta la colonie française : c'était un capitaine naufragé. Issu d'une famille de loups de mer bretons, il avait été envoyé de bonne heure au séminaire de Rennes, avait été reçu bachelier ès lettres et bachelier en théologie; mais un beau jour l'amour de cette mer qui l'avait bercé tout enfant lui était revenu au cœur : il avait jeté le froc aux orties et s'était engagé comme matelot à bord d'un navire en partance pour Pondichéry. De mer en mer, de rivage en rivage, il avait parcouru le monde sous des pavillons de toutes couleurs, anglais, américains, chinois, hollandais. Il s'était fait nommer officier par l'iman de Mascate, il avait pris femme dans l'île de Madagascar ; puis, fuyant le mariage comme il avait fui le célibat, il avait mis dix-huit cents lieues entre son épouse et lui, afin d'aller exercer le métier de pirate dans les îles de la Sonde. Sa témérité inouïe, son intelligence, son instruction réelle, fortifiée encore par ses voyages et ses aventures, son manque absolu de conscience, lui avaient mis cent fois la fortune entre les mains, et cent fois il l'avait laissée s'envoler par amour de l'inconnu. Enfin, dans le port de Cumanà, il avait pu acquérir une goëlette avec laquelle il faisait un commerce de contrebande très-fructueux sur les côtes de la Colombie, entre la Guayra et Puerto-Cabello. Dans une nuit de tempête, sa goëlette s'était perdue avec tout son chargement sur un des bancs de sable qui ferment l'entrée de la lagune de Maracaïbo, et lui-même n'avait pu s'échapper qu'à demi nu. Recueilli le lendemain par un navire de Rio-Hacha, il était arrivé dans cette ville, sans ressources, presque sans habits, mais non pas sans courage. Le soir même de son arrivée, il avait recommencé à bâtir l'édifice de sa fortune : installé au coin d'une rue, sur un escabeau que lui avait prêté l'ingénieur Rameau, il offrait aux peones et aux gamins des bananes, des tasses de café, des plaques de sucre. Vrai charlatan, il accompagnait ses harangues de grimaces et de lazzis, au grand ébahissement des caballeros et au non moins grand scandale du vice-consul français, ancien capitaine lui-même, qui voyait dans cette conduite un double outrage à la dignité du Français et à celle du marin. Mais qu'importait la dignité au capitaine Delarroque? Huit jours après son arrivée, il avait un petit pécule, ramassait le suif que les bouchers de Rio-Hacha jetaient dans la rue, fondait une modeste fabrique de chandelles, et réalisait des bénéfices qui lui permettaient de songer à un prochain départ pour la Californie, où il voulait se faire mineur. Le soir, il ne manquait jamais d'assister au conciliabule français, dont il se croyait le plus bel ornement; malheureusement sa langue était parfois beaucoup trop déliée par la chicha du pays, et il racontait alors avec une certaine complaisance sa vie de brigandage et de piraterie; il se vanta même un jour avec un ricanement de satisfaction d'avoir été marchand de nègres et d'avoir aidé au massacre de l'équipage d'un croiseur anglais. Scélérat fier de ses prouesses, il ressemblait par l'égoïsme et l'amour du mal à un *rowdie* américain; mais, quand il était sobre, son esprit, son instruction, ses manières servaient de passe-port à ses vices.

Un autre capitaine assistait régulièrement aux réunions du soir; c'était un vieillard qui, de naufrage en naufrage, était venu échouer sur cette plage lointaine, à deux mille lieues de sa patrie. Trop vieux et cassé pour entreprendre un dernier voyage, il avait pris le parti de rester où la fortune l'avait jeté, et se considérait comme une épave abandonnée par les flots sur le sable du bord. Avec les débris de son avoir, il s'était fait bâtir une cabane en face de la mer, et passait les journées devant sa porte à contempler les navires qui se balançaient au loin dans la rade. Tous les soirs, à la même heure, on apercevait le vieux capitaine, tournant le coin de la rue, appuyé sur sa canne à pomme d'ivoire; sans force pour marcher, il faisait lentement glisser ses pieds à demi engloutis dans le sable : il avançait ainsi comme une ombre. Arrivé au milieu du cercle, il s'asseyait épuisé de fatigue, et faisait un signe de tête en guise de salut, car il était devenu presque muet à la suite d'un asthme. En entendant les sons de la douce langue maternelle, il se ranimait peu à peu, ses yeux brillaient, il se sentait revivre. C'était bien là le patriotisme dans toute sa force instinctive. Pour lui, ses compatriotes étaient la France avec ses joies, sa gloire et sa beauté; en eux, il aimait tout son passé, sa jeunesse, ses souvenirs, son bonheur disparu. Excellent vieillard! que d'années il a vécu ainsi, n'ayant que deux choses pour l'aider à supporter l'existence : pendant la journée, la vue de la mer, et le soir, l'ouïe du beau langage français !

Chose étrange ! Rio-Hacha ne possédait pas d'autres représentants de la nationalité gauloise. D'ordinaire on trouve aussi dans toutes les villes importantes de la Nouvelle-Grenade des coiffeurs parisiens, vendant leurs parfumeries, leurs savons et leurs brosses avec autant de grâce et de politesse que s'ils occupaient encore un magasin de la rue Vivienne. Le coiffeur est, il faut bien le dire, le héraut de la civilisation française : c'est par lui que les étrangers apprennent nos manières, nos modes, nos opinions ; c'est lui qu'ils prennent pour type du Français idéal. Aussi rien n'égale l'audace avec laquelle ces artistes parcourent le monde ; ils se croient partout en pays conquis, et grâce à leur origine transatlantique ils se figurent tout connaître, sans avoir eu besoin de rien apprendre. On me racontait à Rio-Hacha l'histoire, probablement exagérée, de l'un d'entre eux qui, se disant ingénieur, s'était proposé sans vergogne à une société d'Antioquia comme directeur d'exploitation des mines d'or. Sa faconde éblouit les actionnaires et on lui donne plein pouvoir, croyant avoir affaire à un mineur savant. Sans la moindre hésitation, il fait creuser des canaux, construire des écluses, opérer des fouilles, entreprendre au hasard de grands travaux. Il bouleverse tout, mais à son grand étonnement, il ne réussit point et engloutit dans l'entreprise les capitaux de ses bailleurs de fonds. Enfin, il doit reconnaître lui-même son insuccès et il avoue franchement l'état désespéré des choses. « **Des circonstances imprévues ont empêché la réussite de mes plans; mais en attendant de pouvoir les reprendre avec votre concours, je m'offre, messieurs, à vous faire la barbe. J'ai également appris le métier de coiffeur.** »

Tels sont les personnages qui composent, avec d'anciens marins, quelques ouvriers et de rares commerçants, les colonies françaises de la Nouvelle-Grenade. Les principales nations d'Europe sont aussi représentées dans la république, et Rio-Hacha, comme les autres cités, a sa quote-part d'émigrants venus de tous les pays d'outre-mer.

Lors de mon passage, l'Italien de la ville était le Génois Canova, neveu du grand statuaire : c'était une espèce d'Holopherne qu'on entendait hurler d'une extrémité à l'autre de la *calle Mayor*. Tour à tour expéditeur de café, de tabac, de cacao, planteur, banquier, débitant d'eau-de-vie, armateur, il avait parcouru toute la contrée et son nom était célèbre dans le moindre bourg de la Nouvelle-Grenade. Pour s'enrichir à coup sûr, il avait eu l'ingénieuse idée de se donner un air stupide : quand son rire mugissant soulevait les parois de sa forte poitrine, on pouvait être sûr qu'il ourdissait une trame afin d'enlacer quelque malheureux acheteur.

L'Espagnol de Rio-Hacha était un ancien valet de chambre devenu expéditeur de cornes et de peaux ; trafiquant avide, il s'occupait jour et nuit de dresser le bilan de sa fortune. L'Anglais était un fils de famille ruiné, qui, de débauche en débauche et de banqueroute en banqueroute, avait fini par se blottir à Rio-Hacha pour cacher sa honte. Le Grec était un homme à l'œil noir, aux traits anguleux, à la bouche perfide, à la démarche oblique : son apparence était celle d'un pirate, et l'on s'étonnait à le voir qu'il n'eût pas encore été pendu à la vergue d'un grand mât. De tous ces étrangers, l'Allemand seul était vraiment respectable : aussi évitait-il en général la compagnie des négociants ses confrères. Le soir, on le voyait toujours se promener solitaire sur le bord de la plage : son nez allongé en bec, ses lunettes rondes, ses basques flottantes, ses jambes longues et maigres, sa démarche lente et précautionneuse, lui donnaient l'air d'un héron s'apprêtant à saisir un poisson sous les vagues.

Les éléments parmi lesquels se recrutent en général les étrangers de la Nouvelle-Grenade, sont assez impurs. La république grenadine ne profite encore nullement de ce grand courant d'émigration qui se porte vers le Chili, la république Argentine et même le Brésil; peut-être ne compterait-on pas chaque année une moyenne de cinquante colons sérieux débarquant sur les côtes des États de Bolivar et de Magdalena, dans le but de s'y créer une nouvelle patrie. Presque tous ces colons appartiennent aux races latines ou bien à cette race germanique, qui perd si facilement sa nationalité, et, comme la glace changée en eau sous les rayons du soleil, transforme sans peine ses habitudes et ses mœurs au contact des peuples du Midi. Les Américains du nord établis définitivement dans la Nouvelle-Grenade sont peu nombreux; mais ceux qui y fixent leur séjour se hâtent de réclamer le titre de citoyens grenadins. Impatients de prononcer des discours, d'exercer leurs droits et de remplir des fonctions publiques, ils se font naturaliser avant de savoir parler espagnol; quoi qu'ils fassent cependant, ils sont mal vus à cause de leur morgue anglo-saxonne et de leur esprit de domination. Les Néo-Grenadins mettent tout leur espoir dans leurs frères les Latins d'Europe.

Parmi les étrangers résidant à Rio-Hacha, il serait injuste d'oublier deux membres très-assidus du club en plein vent de don Antonio Rameau, les frères Bernier, mulâtres de Jacmel exilés à la suite d'un soulèvement contre Soulouque. Ils se disaient Français comme tous les Haïtiens, à l'endroit desquels la France a pourtant de si graves reproches à se faire, et, dans le but de bien constater leur origine, ils rappelaient souvent le nom de leur bisaïeul, le célèbre médecin du Grand Mogol Akhbar. On n'apprécie pas d'ordinaire à sa juste valeur l'influence que les races latines, et la France en particulier, exerceront dans toute l'Amérique par l'intermédiaire des Haïtiens et des nègres des îles espagnoles et françaises, vrais courtiers de civilisation qui voguent toujours d'Antille en Antille à travers la mer des Caraïbes, et se reposent çà et là sur les côtes de la Colombie comme des oiseaux voyageurs. Les Haïtiens, essentiellement imitateurs, reçoivent avec enthousiasme ce qui leur vient de l'ancienne métropole, et, forts de leur existence en corps de nation, ils enseignent ce qu'ils ont appris avec l'autorité que donne l'indépendance. C'est principalement par leur entremise que les dix ou douze millions de nègres qui habitent le nouveau monde seront soumis à l'influence de la civilisation européenne.

X

RIO-HACHA.

Peu de jours après mon arrivée, je remerciai de son hospitalité l'ingénieur Rameau, et je louai à l'autre extrémité de la ville une maison agréable, ombragée par un petit groupe de palmiers. J'eus d'abord quelques difficultés que j'étais loin de prévoir : mon propriétaire, señor Moralès, ne voulait pas entendre parler de loyer, et j'eus de la peine à lui faire accepter la modique somme qui lui revenait. Je dois à ce propriétaire modèle une foule de renseignements sur la société de Rio-Hacha, sur le mécanisme de l'administration locale, la géographie des environs, les Indiens Goajires et ceux de la montagne. Un Néo-Grenadin qui rend service ne sait point mettre de bornes à sa complaisance.

La ville de Rio-Hacha, moins régulièrement bâtie que Sainte-Marthe, a l'immense avantage de ne pas être en ruines; ses rues, bordées de trottoirs en briques, mais très-poudreuses et assez mal alignées, pénètrent chaque année plus avant dans la campagne, et le nombre des habitants dépasse déjà cinq mille, population considérable pour une ville insalubre de la côte. Presque toutes les maisons, couvertes de feuilles de palmier, se composent simplement de pieux verticaux, entre-croisés de tiges de cannes sauvages ou de bambous; les murailles forment ainsi des espèces de claies dont les intervalles sont remplis d'une boue jaune et durcie au soleil; aussi les façades des maisons exposées au nord et à l'est, c'est-à-dire aux vents alizés, sont complétement percées dans l'espace de quelques saisons. Les seuls édifices en pierre sont la douane, la masure qui sert de palais au corps législatif de la province, deux ou trois maisons particulières, et l'église, assez vaste monument auquel on a travaillé pendant quarante ans; elle est surmontée d'un phare érigé en 1856, le premier qui ait été élevé aux frais d'une ville néo-grenadine. Quand ce phare brilla pour la première fois, ce fut une fête nationale : tous les Rio-Hachères, hommes et femmes, se rendirent sur la jetée pour voir briller sa lumière; il leur semblait n'avoir plus rien à envier aux grandes cités commerciales du monde. Malheureusement, depuis ce jour de triomphe, le gardien du phare a souvent oublié son devoir, et l'étoile de feu ne rayonne plus que de temps en temps au-dessus de la ville.

Un seul des trois forts qui défendaient Rio-Hacha au temps des Espagnols subsiste encore ; les flots ont depuis longtemps sapé les deux autres, dont les fondements sont devenus de petits récifs couverts de polypiers. Les tremblements de terre, si fréquents et parfois si terribles dans d'autres parties de la Colombie, semblent n'avoir été pour rien dans cette œuvre de destruction. En revanche, une lente dépression du sol a peut-être eu lieu, car on a remarqué en plusieurs endroits des envahissements graduels de la mer, et la rue de la Plage (*calle de la Marina*), jadis la plus importante de Rio-Hacha, a cessé d'exister ; elle a été emportée par les flots. Autrefois un mouvement en sens inverse a dû se produire avec une grande intensité : la plaine entière, composée d'alluvions marines et de calcaires coquilliers, a l'apparence d'une baie récemment émergée ; les récifs perdus dans l'intérieur des terres ont des contours aussi nets qu'à l'époque où les anfractuosités en étaient creusées par les brisants ; les sables paraissent avoir été déposés de la veille, et les marécages laissés dans les bas-fonds sont encore salés comme au jour où une levée de galets les sépara de la mer.

La plaine de Rio-Hacha peut avoir seize lieues grenadines dans tous les sens; elle recouvre une superficie de six mille quatre cents kilomètres carrés, limitée à l'ouest par la Sierra-Nevada, au sud par des montagnes de porphyre appelées Sierra de Treinta ou de San-Pablo, à l'est par la rivière qui a donné son nom à la ville et qui la sépare des déserts et des marécages de la péninsule goajire. Au pied des hauteurs et sur les rives des cours d'eau, cette plaine est extrêmement fertile; mais dans la zone la plus voisine de Rio-Hacha, le manque d'eau douce et la nature sablonneuse du terrain rendent toute tentative d'agriculture extrêmement précaire, si ce n'est sur le bord du fleuve, où l'on n'ose pas s'établir, à cause du redoutable voisinage des Indiens. La campagne n'est qu'un fourré d'arbres épineux et de broussailles croissant sur les dunes, le long des anciennes plages marines, autour des marais infects. Dans les conditions actuelles de l'agriculture grenadine, il serait absurde de faire des tentatives sérieuses de colonisation aux environs de Rio-Hacha, puisqu'en s'éloignant d'une dizaine de lieues vers le sud ou vers l'ouest on peut trouver d'admirables terrains encore inoccupés et infiniment plus propres à toute espèce de culture; les rares jardins des environs de la ville n'ont été établis par leurs riches propriétaires que dans le but de servir de lieu de promenade.

En 1856, le vice-consul français fit planter cinq

cent mille pieds de sésame dans un champ de vingt hectares environ qu'il avait fait défricher près du promontoire de Mariangola, à six kilomètres à l'ouest de Rio-Hacha. Il me détaillait complaisamment ses espérances. « En défalquant, disait-il, un quart du prix que peut me rapporter ma récolte vendue à Marseille, je puis compter sur treize mille piastres par saison, soit vingt-six mille piastres ou cent trente mille francs par an. » Malheureusement les pluies furent peu abondantes, et les plantes, qui croissent assez bien au milieu des fourrés où elles sont protégées des rayons du soleil par le feuillage épais, se flétrirent dans ce vaste champ sans ombrage avant d'avoir produit leur semence. Le chimérique revenu net de vingt-six mille piastres se solda par une perte de quelques centaines de francs. On peut s'attendre à un résultat semblable dans la plus grande partie du territoire qui s'étend autour de la ville.

Des ravins profonds et tortueux creusés par les eaux de pluie dans le sous-sol d'argile rouge et s'élargissant à mesure qu'ils se rapprochent de la mer, coupent la plaine dans tous les sens et rendent la marche très-pénible, même au chasseur le plus obstiné. Bien que la législature vote chaque année des subsides pour améliorer les routes sablonneuses qui se dirigent vers les villages de l'intérieur, cependant on ne peut encore les parcourir qu'à pied ou à cheval; on ne trouverait pas une seule charrette ou tel autre véhicule de même genre à trente lieues à la ronde. Le vice-consul anglais, *el primer caballero* de la ville, possède une voiture qui est pour ainsi dire le symbole de sa puissance, et que les jeunes élégants viennent lui emprunter parfois pour traverser à grandes guides les places et les rues de Rio-Hacha, et disparaître dans un tourbillon de poussière aux yeux des badauds effarés. De même, un autre caballero, señor Atensio, s'est fait construire une gondole dorée qui ne lui sert jamais, mais qu'il a le plaisir de montrer à ses visiteurs, exposée dans sa cour.

Ne pouvant guère pénétrer dans les fourrés environnants, ni suivre les sentiers où l'on enfonce jusqu'à mi-jambe dans le sable, les habitants de Rio-Hacha en sont réduits, pour leurs promenades, à longer le bord de la plage que chaque vague vient aplanir et parsemer de coquillages, ou bien à parcourir d'un bout à l'autre la jetée qui tremble sous le choc des flots. La rade de Rio-Hacha est extrêmement riche en vie animale. La mer est parfois toute jaune de méduses; sous de vastes étendues d'herbes marines, qui changent la surface des eaux en une immense prairie, de nombreuses tortues franches naviguent de concert; des cormorans, appelés *busos* dans le pays, plongent gauchement, tandis que des bandes de *tangatangas*, voletant autour des oiseaux massifs, ou même se perchant sur leurs dos, attendent patiemment qu'ils aient saisi une proie pour la leur ravir. Le soir, des volées triangulaires d'oiseaux pêcheurs, semblables aux bataillons d'une armée, se dirigent vers les marais situés à l'ouest, au pied de la Sierra-Nevada; le matin, elles reviennent dans le même ordre, sans jamais rien changer à la régularité de leurs voyages diurnes. Souvent on voit dans l'eau apparaître le requin, à la poursuite de dorades ou d'autres poissons; mais les baigneurs n'en sont pas effarouchés et n'en continuent pas moins leurs ébats.

Regaleme Vmd una peseta et darei una patada al tiburon (donnez-moi dix sous, et je donnerai un coup de pied au requin), disent les gamins aux spectateurs arrêtés sur le bord de la plage; puis ils nagent jusqu'auprès de l'animal, se glissent sous son ventre et lui appliquent un coup de pied : le monstre s'enfuit avec toute la rapidité de ses nageoires.

Les requins de ces parages doivent sans doute la placidité de leur caractère à l'abondance de nourriture qu'ils trouvent le long des côtes. Je n'ai jamais entendu parler que d'un seul accident : un requin, rôdant autour de la jetée, happa un jour par mégarde le pied d'un petit garçon qui s'était couché sur le bord de la plage et que les vagues venaient recouvrir par intervalles. Quant aux terribles requins pantoufliers (*tintoreras*), on ne les voit jamais dans la rade de Rio-Hacha, dont les eaux ne sont pas sans doute assez profondes pour qu'ils puissent y chasser à leur aise.

A chaque extrémité, la ville est gardée par un lieu d'horreur et de sang : à l'ouest, l'abattoir public ; à l'est, les hangars aux tortues. L'abattoir se compose simplement de pieux plantés dans le sable du rivage ; bien qu'on ait eu soin de l'établir sous le vent, il s'en échappe toujours une odeur pestilentielle de sang figé mêlé aux herbes marines et aux débris de carcasses putréfiées ; des poils, des lambeaux de chair, des ossements sont épars çà et là ; l'écume de la mer se rougit en glissant sur le sable. Des vautours *gallinazos* au long cou nu entouré d'un collier rouge, des aigles *caricaris* dressés fièrement sur des viandes corrompues, des bandes de chiens hurlants, entourent l'abattoir, où de maigres bœufs achetés le matin aux Indiens Goajires flairent l'odeur des cadavres avec des beuglements sourds. Le plus souvent les bouchers fendent le jarret de ces pauvres bêtes d'un coup de machette pour les empêcher de briser la corde qui les retient, et les laissent toute la nuit baignés dans leur sang ; ils ne les achèvent que le lendemain matin, puis aussitôt après ils les coupent en morceaux et vendent les chairs pantelantes.

Les hangars aux tortues ne sont guère moins horribles ; parfois on compte sous ces toits de branches et de feuilles plus de cent tortues franches pesant chacune plusieurs quintaux ; la tête pendante, le cou démesurément enflé, les yeux injectés de sang, ces animaux attendent souvent pendant des semaines entières le coup de hache qui doit fendre leur plastron et mettre un terme à leurs souffrances. Quand on passe à côté de ces tortues captives, elles agitent convulsivement leurs pattes et tâchent vainement de redresser leurs têtes comme si elles espéraient d'être secourues. D'innombrables carapaces auxquelles sont attachés des lambeaux de chairs putréfiées gisent en monceaux épars; aux alentours des hangars, le sable est rouge à plusieurs pieds de profondeur.

Pendant les dix-septième et dix-huitième siècles, Rio-Hacha, qu'on appelait alors Ciudad de la Hacha, était célèbre par son opulence : des joailliers, des monteurs en perles, des changeurs établis des deux côtés de la *calle de la Marina*, étalaient d'immenses richesses gagnées par la vente des perles que les Indiens pêchaient à trois lieues au nord-est de la ville, près du cap de la Vela. Aussi la cité de la Hacha était-elle le point de mire des pirates des Antilles, et la tradition rapporte que pendant le cours de deux siècles elle fut onze fois mise au pillage et livrée à l'incendie ; mais elle contenait de tels éléments de prospérité qu'elle se releva onze fois de ses ruines. Enfin, lors de l'expédition de l'amiral Vernon contre Carthagène, celui-ci, dit-on, voulant anéantir à tout jamais le commerce de Rio-Hacha, expédia vers le cap de la Vela plusieurs navires de guerre qui détruisirent tous les récifs perliers de ces parages en les draguant pendant des mois entiers. Depuis, la côte s'est repeuplée très-lentement d'huîtres à perles, et leur rareté coïncidant avec une grande baisse dans le prix des perles fines, l'importance de Rio-Hacha a considérablement diminué. Aujourd'hui une quinzaine d'Indiens au plus s'occupent de la pêche des perles; un seul bijoutier, vieillard qui trouve que tout va très-mal dans le pire des mondes possibles, fait vibrer en maugréant la corde de l'instrument qui lui sert à monter les bijoux; il vend d'assez jolies parures pour quelques *pesetas*.

Le commerce de la ville consiste surtout en bois du Brésil et de Nicaragua, que les Indiens et les paysans des provinces de l'intérieur apportent à dos de mulet, en graines de *dividivi*[1], en cuirs et depuis quelques années en café et en tabac. Les principaux articles d'importation sont les denrées alimentaires; les navires de New-York apportent le maïs et la farine; les villages de la Sierra-Negra expédient du café et des fruits; Dibulla, petit port situé à quinze lieues à l'ouest, fournit les bananes

---

1. *Coulteria tinctoria;* les graines sont employées en Angleterre pour le tannage des cuirs.

et le cacao ; les Indiens Goajires amènent les bœufs ; des pêcheurs de la même tribu vont demander à la mer ses innombrables poissons, ses tortues et ses coquillages. Ainsi les Rio-Hachères dépendent complétement d'autrui pour leur alimentation de chaque jour. Si les tempêtes sur mer et les pluies sur terre coïncidaient pour empêcher toute importation, la famine régnerait aussitôt ; souvent déjà on a manqué de pain pendant des semaines entières.

Malgré ce désavantage, nous croyons cependant que l'avenir de Rio-Hacha est magnifique, car cette ville, l'une des moins insalubres de toute la Côte-Ferme, est le débouché naturel d'une immense région qui se peuple assez rapidement. Toutes les productions de la Sierra-Nevada, de la Sierra-Negra, du fertile bassin de Valle-Dupar, de la péninsule goajire, ne peuvent s'exporter que par Rio-Hacha ; tôt ou tard, lorsque des chemins seront frayés à travers les savanes et les forêts, les denrées du haut Magdalena et de la lagune de Maracaïbo, centuplées par l'agriculture, prendront nécessairement la même voie. Plusieurs riches négociants juifs de l'île hollandaise de Curaçao ont, avec le flair de leur nation, deviné l'importance future de Rio-Hacha et y ont établi des succursales ; déjà la plus grande part du commerce de la province est entre leurs mains. Pendant les dix dernières années, le total des échanges a toujours été en augmentant, et le mouvement annuel des navires s'élève aujourd'hui à plus de trente mille tonneaux. Les armateurs rio-hachères possèdent à eux seuls près d'une vingtaine de bricks et de goëlettes : c'est à peu près les deux tiers de toute la marine commerciale de la Nouvelle-Grenade. Malheureusement le port de Rio-Hacha n'est en réalité qu'une rade foraine où les trois-mâts ancrent à un ou deux milles de la côte. Cette circonstance fâcheuse, jointe au peu d'importance des marées, qui s'élèvent à cinquante centimètres de hauteur à peine, empêche les bateaux à vapeur de visiter fréquemment les eaux de Rio-Hacha ; quand un de ces navires fait son apparition, la nouvelle s'en répand immédiatement dans tous les villages de la province, et des centaines de curieux se promènent constamment sur la jetée pour voir de loin l'étrange navire.

Excepté dans ces derniers temps, où la rivalité de Sainte-Marthe et de Rio-Hacha a produit quelques troubles regrettables, le gouvernement et l'administration de cette dernière ville ont toujours fonctionné sans obstacles sérieux. Comme dans toutes les autres cités grenadines, on jouit dans celle-ci d'une telle liberté que l'étranger paisible peut rester pendant des années dans le pays sans que rien lui rappelle le pouvoir : il n'y voit ni soldats, ni agents de police, ni douaniers en uniforme, ni collecteurs d'impôts, ni employés se distinguant du reste des citoyens par quelque signe extérieur. Les dépenses de la cité sont défrayées uniquement au moyen des droits de tonnage et de phare prélevés sur les navires de commerce. Tous les habitants de la ville sont de fait investis des fonctions de magistrat, et comme tels font exécuter la loi; c'est à leur honneur que sont confiés la sécurité et l'ordre publics. Il en résulte que l'administration locale ne peut avoir de force réelle que par le concours des citoyens, et si la commune n'entrait pas quelquefois en conflit avec les gouvernements de Sainte-Marthe et de Bogotà, si les décisions de l'administration fédérale, prises à une grande distance et sans une parfaite connaissance de cause, ne lésaient pas souvent les intérêts locaux, toute révolution, tout cahot politique deviendraient impossibles.

Rio-Hacha, à l'exemple des autres communes de la Nouvelle-Grenade, a modelé sa constitution sur celle de la république. Le gouverneur (*gobernador*) ou président, qui, lors de mon séjour à Rio-Hacha, n'était qu'un simple épicier et marchand d'écaille de tortue, est chargé de veiller à l'exécution des lois, d'expédier des rapports au gouvernement central, de conserver les archives de la commune et de faire publier les actes officiels; comme les juges et les autres fonctionnaires, il est nommé à la majorité des voix. La chambre des représentants, composée des mandataires des villes et bourgs de la province, se réunit dans une ancienne église à demi ruinée, dont le nom sonore est aujourd'hui *palacio de la Libertad*; là, sous les yeux de leurs concitoyens admis à la barre de l'assemblée, les députés discutent sur les voies et moyens, l'entretien des sentiers, l'achat de livres et de brochures pour la bibliothèque communale, les diverses questions d'intérêt local.

Il va sans dire qu'à l'exemple de toutes les assemblées délibérantes du monde entier, celle-ci, qui se compose pourtant de vingt-quatre membres au plus, se divise en gauche, en centre et en droite. Cette dernière fraction, formée surtout de riches propriétaires, est en général satisfaite de la marche des choses et cherche à prévenir toute discussion sérieuse en réclamant l'ordre du jour; elle dispose de la majorité des voix. La gauche, moins nombreuse et moins bien disciplinée, réussit néanmoins à faire voter tous les projets d'intérêt public, grâce à l'appui que lui donnent la jeunesse et le journal *intermittent* publié par les libéraux. Intermittent, ai-je dit : en effet, à l'époque de mon séjour à Rio-Hacha, ce journal, de même que la plupart des publications soi-disant périodiques de la Nouvelle-Grenade, paraissait quelquefois, et n'avait d'existence sérieuse qu'aux époques des élections ou d'une grande agitation politique. On ne se doute guère des difficultés que rencontre un rédacteur de journal à la Nouvelle-Grenade. Compositeurs, prote, imprimeurs, refusent de travailler quand ils n'y voient aucun intérêt patriotique pressant, et, s'érigeant eux-mêmes en comité de censure, débattent l'utilité de la publication; selon les circonstances, ils donnent ou refusent leur *imprimatur*. Autant ils semblent redouter le travail lorsque des questions graves ne préoccupent pas l'esprit public, autant dans les grandes occasions ils mettent de feu au service de la cause; ils passent alors le jour et la nuit à l'imprimerie, composent à la hâte le journal et des appels au peuple, puis se font afficheurs et distributeurs, parcourent la ville et annoncent les nouvelles comme des crieurs publics. Derrière eux se forment des attroupements composés également de jeunes gens enthousiastes qui s'emparent des exemplaires, pénètrent dans la salle des délibérations de l'assemblée et déploient ostensiblement les feuilles encore humides et les gigantesques affiches, comme pour protester d'avance contre toute décision peu libérale. On sait la terreur mystérieuse qu'éprouvent les nègres de l'intérieur de l'Afrique à la vue du *papier parlé*; de même, en voyant le journal accusateur où ils lisent d'avance leur condamnation, les législateurs de Rio-Hacha se déjugent souvent et cèdent sur les questions en litige : force reste à la parole imprimée. La presse a une influence bien autrement puissante, en proportion, sur les masses encore ignorantes que sur les peuples déjà policés; à Rio-Hacha, le journal libéral est bien certainement un troisième pouvoir.

L'administration, purement municipale, se compose d'un *jefe politico* (maire) et d'un conseil rarement convoqué. Le maire que j'ai connu était un jeune homme exerçant, selon les circonstances, l'état d'orfévre ou celui de menuisier; très-timide et très-doux, il semblait vouloir se faire pardonner son existence, et cherchait à se rendre invisible en glissant entre tous les partis. On l'avait choisi pour remplacer un maire à peu près fou, qui, de son côté, péchait par trop d'arrogance, et sans prévenir personne, mettait à exécution les plus étranges lubies. Un jour il ouvrit la prison, où étaient renfermés plusieurs voleurs et un meurtrier. « Donnez-vous la peine de sortir, messieurs. » Nos gens ne se le firent pas répéter deux fois.

Les fêtes nationales se célèbrent ordinairement par de grands bals donnés sur la place publique *urbi et orbi*. Le *jefe politico* se met alors sous les ordres du Français Chastaing, et, doux comme un mouton, élève les pieux, rabote les planches, attache les draperies, déroule les guirlandes, déploie les drapeaux. Rien de charmant comme ces bals éclairés obliquement par la lumière discrète de la lune : les groupes de danseurs tournoient autour des colonnes décorées de verdure; les femmes, vives comme des faons, courent, sautillent et bondissent en secouant au vent leurs cheveux noirs tressés de fleurs et de feuilles; les parfums enivrants des mimosas et des lis d'Amérique se répandent dans l'air, et quand les musiciens cessent leurs accords, la voix solennelle de la mer les reprend sur un mode plus solennel et plus beau.

Cependant les fêtes les plus splendides sont les processions célébrées en l'honneur de la *santissima Virgen de los Remedios*, patronne qui, dans l'opinion des Rio-Hachères, est bien autrement puissante que la Vierge des Douleurs, celle des Vertus, ou toute autre Vierge du monde. Jadis elle était représentée dans l'église de Rio-Hacha par une statue d'argent vêtue de perles; mais depuis longtemps cette figure a été mise en gage par un prêtre joueur chez un juif de Curaçao, et probablement à cette heure, elle est transformée en lingots ou en pièces de cinq francs. La nouvelle statue, tournée en bois de gayac par don Jaime Chastaing, et pourvue d'une tête en carton et en fil de fer, n'est, pendant trois cent soixante-quatre jours de l'année, l'objet d'aucune vénération; mais au jour de la grande fête elle recouvre soudain pour vingt-quatre heures le pouvoir miraculeux de l'ancienne. Une foule tumultueuse, composée surtout de femmes et d'enfants, envahit l'église dès le matin pour faire la toilette de la Vierge et lui tresser des guirlandes de fleurs; on la revêt de tous ses atours, puis on l'emporte en triomphe, et la grande procession se forme. Les principaux personnages bibliques y figurent : Jésus-Christ avec une barbe postiche et des morceaux de clinquant autour de la tête, Lazare couvert d'une lèpre trop réelle, Judas, mannequin vêtu à la dernière mode, Simon de Cyrène ployant sous le faix de la croix et s'enivrant d'eau-de-vie sans se préoccuper des probabilités historiques, puis des anges et surtout des diables sans nombre qui réjouissent le public par leurs grimaces et leurs contorsions. Au-dessus du groupe principal, on aperçoit la statue de la Vierge, qui agite ses bras, roule ses yeux dans leurs orbites, remue violemment les lèvres; arrivée sur le bord de la mer, elle ne manque jamais de jeter dans les flots sa couronne de papier doré. Aussitôt des gamins, complétement nus ou vêtus seulement d'une chemise déchirée, se précipitent dans l'eau pour reconquérir la précieuse couronne; on la replace sur la tête de la statue, qui s'empresse de la jeter de nouveau dans la mer, aux grands applaudissements de la foule. C'est là ce qu'on appelle des miracles (*milagros*), et la fête n'est splendide que si la statue a daigné en faire au moins une centaine. Dès que la Vierge miraculeuse a été replacée dans sa niche, on se presse autour du mannequin qui représente Judas, on le charge de malédictions, on le couvre de boue, on le lacère de coups de sabre, puis on le suspend à un pieu devant la maison d'un juif détesté, et on le crible de balles jusqu'à ce qu'il tombe en lambeaux. Le soir, grande réunion sur la place publique, combats de coqs devant les tavernes, danses improvisées dans les rues par les sambos.

Cet amour des processions mimiques, qui du reste diminue graduellement, et ne peut, à Rio-Hacha, se comparer avec celui qui distingue les habitants de Quito et d'autres villes de la Colombie, n'implique nullement une grande foi, et c'est avec une certaine incrédulité railleuse que les Rio-Hachères réclament des miracles. Il leur en faut, parce qu'ils sont dans le programme de la fête : la tradition de la ville les exige; c'est par eux qu'on se rattache au passé et que la chaîne des temps est renouée. On raconte en effet que, lors de la dernière expédition des pirates contre Rio-Hacha, la foule effrayée accourut sur la plage, portant l'image vénérée de la Vierge, afin de conjurer le danger. La statue jeta sa couronne d'or bien loin dans la mer; les flots respectueux s'écartèrent en frémissant devant cet objet sacré, et dans leur retraite précipitée engloutirent les embarcations des pirates; c'est ainsi que la ville fut sauvée. Depuis, la Vierge est tenue tous les ans de donner une répétition de son miracle, et les Rio-Hachères, comme jadis nos ancêtres assistant à la représentation de quelque mystère, se passionnent à la vue du prodige qu'ils font eux-mêmes. Quant au martyre qu'ils infligent au traître Judas, on ne peut s'en étonner dans un pays où les juifs ont entre les mains la plus grande partie du commerce, où le taux de l'intérêt s'élève de deux à quatre pour cent par mois.

Ces pratiques soi-disant religieuses, qui au fond n'indiquent autre chose qu'une poésie grossière et un grand amour du clinquant et du bruit, sont à à peu près tout ce qui reste de l'antique foi parmi les populations mélangées des côtes néo-grenadines. Sur les hauts plateaux de l'intérieur et dans la république de l'Équateur, où les descendants des aborigènes forment encore la masse du peuple, la superstition est bien plus vivace; elle a quelque chose d'austère et d'immuable. En se mélangeant, le fanatisme de l'Espagnol et la docilité de l'Indien ont disposé les esprits à la crédulité la plus absolue. Il est certaines provinces où les prêtres exercent encore une telle influence que les paroissiens payent volontairement la dîme, malgré l'abolition officielle de cet impôt; l'appel direct fait à l'intérêt pécuniaire des fidèles par le législateur n'a pas suffi pour ébranler leur aveugle soumission.

Dans les districts de la côte, l'abolition des dîmes et la séparation complète de l'Église et de l'État n'ont pas peu contribué à calmer le zèle des fidèles et à rendre les prêtres impopulaires. En effet, ceux-ci se sont crus obligés d'augmenter le tarif du casuel, de s'approprier les vases sacrés, d'instituer des collectes en leur faveur. Alors les paroissiens, éclairés sans doute par leurs intérêts, ont commencé à s'apercevoir de la grossière ignorance de leurs prêtres, et les histoires scandaleuses ont été colportées avec plus de *gusto* que jamais. Ici l'on s'est étonné que le prêtre demandât de l'argent pour parier aux combats de coqs; ailleurs on lui a demandé pourquoi il ne choisissait les enfants de chœur que dans sa propre famille; plus loin on lui a reproché de ne pas se contenter d'une seule femme, comme les citoyens vulgaires; les récriminations ont parfois dégénéré en émeutes, et dans plusieurs localités de la province de Rio-Hacha on est allé jusqu'à raser les églises. A Camarones, village de plus de douze cents habitants, on n'a pas célébré un seul service religieux depuis dix ans.

A Rio-Hacha, les choses n'en sont pas encore venues à ce point, grâce peut-être à la vanité des citadins, flattés de posséder une si magnifique église; néanmoins celle-ci devient de plus en plus déserte et les hommes n'y entrent plus que lors des enterrements, des baptêmes et autres cérémonies de même genre. La plupart des mariages ne sont pas même bénis par le prêtre et se célèbrent sans aucune formalité religieuse ou civile. Cependant aucun déshonneur ne s'attache à la *comprometida*; elle est reçue dans toutes les sociétés avec les mêmes égards que la femme légitimement mariée, ses enfants jouissent des mêmes avantages sociaux que ceux de ses compagnes qui ont reçu officiellement le titre d'épouses, et lorsque son mari lui est infidèle, l'opinion publique la protége avec autant ou même plus d'énergie que si elle avait prononcé le oui sacramentel devant le maire et le curé de la paroisse.

Rien de plus trompeur que les jugements portés sur les mœurs d'un pays d'après des idées préconçues. Nul doute qu'au premier abord certains de nos moralistes seraient fort choqués à la vue de cette société où les frontières du mariage sont si mal limitées ; ils ne trouveraient pas assez de paroles de dégoût pour ces femmes succinctement vêtues qui font leurs ablutions à peu près en public et quelquefois avec un liquide que les duègnes de Séville jettent la nuit sur les joueurs de mandoline; mais il est vrai pourtant que, malgré la violence des passions méridionales, cette société, si *shocking* en apparence, est pour le moins aussi pure que la nôtre : la corruption froide et convenable, cette affreuse plaie de nos sociétés modernes, y est complétement inconnue.

XI

LES INDIENS GOAJIRES.

La ville de Rio-Hacha est à la merci des Indiens Goajires. Ceux-ci pourraient facilement la raser, s'ils la respectent, c'est parce que l'intérêt est chez eux plus puissant que l'esprit de vengeance : ils ne sauraient se passer des denrées et des marchandises qu'ils trouvent à Rio-Hacha et qu'un long usage leur a rendues nécessaires ; mais si le commerce cessait par une cause quelconque, le lendemain la ville serait brûlée : Grenadins et étrangers seraient exterminés par les indomptables Goajires.

Pour contempler ces Indiens dans toute leur pittoresque beauté, il faut se rendre le matin à l'embouchure du Rio de Hacha, située, selon les saisons, à un jet de pierre ou bien à un ou même deux kilomètres à l'est de la cité. C'est là, dans le bassin toujours changeant formé par le mélange des eaux douces et des eaux salées, qu'une grande partie de la population rio-hachère prend chaque jour ses ébats; cette agglomération des deux sexes dans le même bassin est à peu près inévitable, car en amont de l'embouchure les crocodiles infestent la rivière, et dans la mer, où le voisinage des requins, sans être dangereux, n'est cependant point agréable, les méduses ou orties de mer changeraient souvent le bain en un véritable martyre.

Le fleuve, parfaitement parallèle au rivage de l'Océan sur une longueur de plusieurs kilomètres, n'est séparé de la côte que par une étroite levée de sable et de coquillages, au-dessus de laquelle les vagues viennent à chaque instant épancher dans le courant un peu de leur écume. Cette levée, que les chocs successifs des flots affermissent comme une muraille, est le chemin suivi par les longues caravanes des Goajires qui viennent approvisionner la ville de bestiaux, de viande, de poisson, de tortues, de bois, de charbon, et apportent des marchandises diverses, bois de teinture, sel, graines de dividivi. De loin, cette interminable file d'hommes et d'animaux, composée parfois de plusieurs milliers d'individus et s'avançant sur une étroite langue de sable qui se renfle à peine au-dessus des vagues bondissantes, présente l'aspect le plus fantastique:

on dirait un peuple en marche à la surface des eaux.

C'est surtout à l'embouchure même, là où les flots de la mer et le courant du fleuve se brisent sur la barre et forment de rive à rive une *reventacion*[1], qu'il faut observer le passage des Goajires. Les chevaux s'arrêtent, l'œil hagard, la crinière en désordre, et flairent longuement l'eau écumeuse; les femmes, drapées dans leurs manteaux bleus et coiffées d'un vaste chapeau de paille à glands de coton rouge, ramènent leurs pieds sur la selle de leur monture et s'assoient à la turque en élevant leurs enfants dans leurs bras; les chefs de famille et les vieillards retiennent leurs vêtements, et, saisissant d'une main l'arc ou le fusil, de l'autre la bride du cheval effaré, l'entraînent au milieu du courant, dont les remous rapides tourbillonnent autour d'eux; les jeunes gens, plus décents que les Rio-Hachères soi-disant civilisés, se nouent une ceinture autour des reins, plongent d'un bond superbe dans le fleuve et nagent impassibles à travers la foule hurlante des négrillons; d'autres luttent avec des taureaux effrayés ou les ânes rétifs qui n'osent pas traverser la ligne des brisants. Au delà de cette scène, éclairée par la lumière si éblouissante et si vive de la zone torride, s'étend la surface illimitée de la mer bleue;

1. Traînée semi-circulaire d'écume.

dans le lointain apparaissent la vieille forteresse ruinée, les maisons de Rio-Hacha, ombragées çà et là par des bouquets de cocotiers, puis les montagnes bleues de la Sierra et leurs glaciers, qui se détachent sur le ciel comme une dentelle transparente. Le soir, les caravanes franchissent de nouveau le fleuve pour aller passer la nuit dans les ranchos épars.

Le territoire occupé par les Goajires est une péninsule de quatorze ou quinze mille kilomètres carrés, longue de deux cent vingt kilomètres environ et rattachée au continent par un isthme, en partie marécageux, large de soixante kilomètres. Au centre s'élève le massif montagneux de Macuira, qu'un petit chaînon de collines rattache aux dernières ramifications des Andes d'Ocaña; tout le reste de la péninsule n'offre que savanes, lagunes, forêts de mancenilliers, de mangliers et d'arbres épineux. Quelques ruisseaux, descendus des flancs du Macuira, se perdent dans les sables de la plaine, excepté pendant la saison pluvieuse, où leur cours arrive jusqu'à la mer. Au nord-est, des pointes rocheuses et des îles de récifs, telles que les Monges, Punta Chimare, Punta Gallinas, Punta Chichibacoa, frangent la côte, et, par leur position transversale à la direction que suivent ordinairement les navires en route pour Carthagène ou Sainte-Marthe, causent un grand nombre de naufrages. Deux ports excellents et admirablement abrités, El Portete et Bahia-Honda, s'ouvrent sur la côte septentrionale de la péninsule, entre le cap la Vela et Punta Gallinas ; mais ils ne sont visités que par des goëlettes de contrebandiers. C'est à Bahia-Honda que Bolivar, dans ses rêves d'empire, plaçait le siége de la capitale des États hispano-américains ; malgré la magnificence de ce port, il est probable que la nouvelle cité se serait lentement développée, non parce que la région de Bahia-Honda est plus infertile encore que la plaine de Rio-Hacha, mais parce qu'elle n'est le débouché naturel d'aucune des riches provinces de l'intérieur, et que sa position excentrique en fait une véritable impasse.

Quoi qu'il en soit, tous les établissements espagnols qui existaient autrefois sur la péninsule ont été depuis longtemps détruits par les Goajires, et le dernier vestige de l'ancien village de Bahia-Honda, consistant en un hangar appartenant à un négociant de Rio-Hacha, a été brûlé il y a environ douze ans. Il n'existe pas un seul *pueblo* dans toute la Goajire, et la vie nomade des Indiens nous fait présumer qu'on n'en construira pas de longtemps, si ce n'est dans les gorges de Macuira et sur la rive droite du Rio de Hacha. Les Goajires, dont on évalue diversement le nombre de dix-huit à trente mille, vivent surtout du commerce, de la cueillette, de la pêche, de l'élève du bétail et des chevaux ; ils sont obligés de changer de demeure selon les saisons, tantôt parcourant les forêts pour recueillir la graine du dividivi, tantôt voguant de baie en baie à la poursuite des tortues ou des dorades, tantôt poussant leurs troupeaux devant eux vers des savanes plus fertiles ou des sources plus abondantes.

Leurs cités temporaires sont bientôt bâties; chaque rancho qui doit abriter une famille s'élève en quelques heures : les hommes plantent quatre pieux en terre, les femmes entrelacent les branches qui doivent servir de toit, les enfants renversent la pirogue sous laquelle la famille entière doit passer la nuit, étendue sur le sable blanc. Parfois dans la saison pluvieuse on suspend une toile sur le côté du rancho exposé au vent alizé; les chefs se donnent aussi le luxe de faire tresser soigneusement des branches autour de leur cabane royale. Quand la tribu nomade a décidé son départ vers de nouveaux pâturages et de nouvelles pêcheries, il suffit de décrocher les toiles, de retourner les pirogues et de les lancer sur les flots : il ne reste plus du village provisoire que des branchages oscillant à la brise et les pierres noircies du foyer. Dans les saisons de très-fortes sécheresses, il arrive même qu'un grand nombre de Goajires s'expatrient complétement et se construisent des ranchos sur les côtes de la province de Rio-Hacha. Ainsi la Punta del Diablo, bourgade située à soixante kilomètres à l'ouest de la ville, près de la base des Montagnes-Neigeuses, est parfois envahie par plusieurs centaines d'Indiens que la soif et la faim ont expulsés de leurs déserts.

Les Goajires sont admirablement beaux, et je ne crois pas que dans toute l'Amérique on puisse trouver des aborigènes ayant le regard plus fier, la démarche plus imposante et les formes plus sculpturales. Les hommes, toujours drapés à la manière des empereurs romains dans leur manteau multicolore attaché par une ceinture bariolée, ont en général la figure ronde comme le soleil, dont leurs frères, les Muyscas, se disaient les descendants; ils regardent presque toujours en face d'un air de défi sauvage, et leur lèvre inférieure est relevée par un sourire sardonique. Ils sont forts et gracieux, très-habiles à tous les exercices du corps. Leur teint dans la jeunesse est d'un rouge brique beaucoup plus clair que celui des Indiens de San-Blas et des côtes de l'Amérique centrale; mais il noircit avec l'âge, et dans la vieillesse il ressemble à peu près à la belle couleur de l'acajou. Autour de leurs cheveux noirs tombant en larges boucles sur leurs épaules, ils enroulent gracieusement une liane de convolvulus[1], ou bien attachent des plumes d'aigle ou de toucan, retenues par un simple diadème en

---

1. *Convolvulus brasiliensis*, plante aux charmantes fleurs qui, par ses longues lianes et ses innombrables radicules, retient et consolide le sable des plages marines.

fibres de bois tressées; leurs figures sont rarement tatouées, parfois quelques lignes arrondies sont gravées sur leurs bras et leurs jambes.

Les femmes, moins ornées que leurs maris et vêtues de manteaux aux couleurs moins riches, ont sans exception et jusque dans la vieillesse la plus avancée des formes d'une admirable fermeté et d'une grande perfection de contours; leur démarche est vraiment celle de la déesse, ou plutôt celle de la femme qui vit dans la libre nature et dont la beauté, caressée par le soleil, se développe sans entraves. Leurs traits, qui ressemblent à ceux des belles Irlandaises, sont malheureusement défigurés par des bariolages tracés sur les joues et le nez au moyen du roucou[1] et simulant assez bien les besicles de nos bisaïeules; mais en dépit de ces grandes taches rouges, les sauvages filles du désert n'en frappent pas moins par leur fière et rayonnante beauté, surtout lorsqu'on les voit bondir à travers la plaine au galop de leurs chevaux rapides, l'œil enflammé, la chevelure au vent, le bras levé en signe de triomphe.

Comme pour tant d'autres nations sauvages, barbares et civilisées, le mariage n'est le plus souvent chez les Goajires qu'un contrat de vente; mais ce contrat ne s'opère que si l'homme et la femme se conviennent par l'âge et sont également forts et bien

1. *Bixià orellana.*

faits : les avortons et les infirmes, très-rares d'ailleurs, sont impitoyablement condamnés au célibat. Le prétendant cherche à plaire d'abord au père de famille, et quand il est convenu avec lui du nombre de bœufs ou de chevaux que coûte la jeune fille, il se dirige vers le rancho de la future, poussant devant lui son troupeau. Les animaux sont comptés, palpés, examinés par le père de la belle et les connaisseurs de la tribu; puis, à grands coups de ciseaux, on fait une nouvelle marque sur leur robe, et lorsque la dernière tête de la *manada*[1] a changé de propriétaire, le jeune homme peut s'approcher de sa fiancée : le mariage est conclu et la fête commence. Cependant les parents qui tiennent beaucoup à la beauté de leur race se laissent aussi toucher par d'autres considérations que celle de la fortune; si le prétendant se fait remarquer entre tous ses compagnons par sa force, sa haute taille et sa grâce, ils lui accordent gratuitement une ou même plusieurs femmes; parfois ils vont jusqu'à lui faire un présent de bœufs, de chevaux, de perles ou de fusils, pour le remercier de l'insigne honneur qu'il leur fait d'entrer dans leur famille. Pour ces hommes, la véritable aristocratie est celle de la beauté; la richesse et le pouvoir appartiennent à ceux que la nature a favorisés sous ce rapport. Lorsque le hasard des naufrages

---

1. Troupeau de bœufs ou troupe de chevaux.

jette sur la côte goajire quelques matelots étrangers, les Indiens, qui n'ignorent pas l'importance callipédique des croisements bien entendus, retiennent les hommes grands et vigoureux, et leur font payer par quelques années de mariage forcé avec deux ou trois belles Goajires l'hospitalité qu'ils leur accordent. Quant aux infortunés matelots affligés par le destin d'une apparence chétive, ils sont dépouillés de leurs vêtements et renvoyés de tribu en tribu jusqu'à Rio-Hacha, poursuivis par les huées et les rires.

Les Goajires ne sont hospitaliers que pour les hommes de leur race et les étrangers qui ont imploré leur protection. Ils haïssent cordialement les Espagnols, avec lesquels ils ont guerroyé pendant près de trois siècles; les pères racontent à leurs enfants que les conquérants Alfaguer et Benalcazar avaient réduit les Indiens en esclavage et nourrissaient des chiens de leur chair; ils leurs disent que parfois les soldats castillans poussaient devant eux des centaines de Peaux-Rouges attachés à une même chaîne, et se plaisaient à faire tomber d'un coup les têtes de ceux qui arrêtaient un instant le convoi. Aussi les descendants des Espagnols osent rarement s'aventurer de l'autre côté de l'embouchure du Rio de Hacha, et les goëlettes grenadines qui vont trafiquer sur la côte avec les Indiens braquent sur eux la gueule de leurs pierriers et tirent à la moindre alarme. Quand sur la mer un bongo de pêcheurs rio-hachères se croise avec une pirogue de Goajires, il se fait toujours un échange d'injures homériques entre les deux embarcations.

Parfois, malgré les intérêts du commerce qui réclament la paix entre les deux races, la guerre éclate à la suite d'une échauffourée entre des traitants espagnols et les tribus de Bahia-Honda ; alors les Indiens se répandent dans les campagnes autour de Rio-Hacha et pillent les caravanes de mulets qui viennent de la Sierra-Negra et de Valle-Dupar ; personne n'ose plus sortir de la ville, ni se hasarder sur les bords du fleuve ; même pour aller s'approvisionner d'eau douce à l'embouchure, les femmes se font escorter par des gens armés. Les Rio-Hachères que les Indiens surprennent hors de la ville sont impitoyablement massacrés. Il y a une dizaine d'années, peu de temps après une déclaration de guerre, deux traitants dont les Goajires avaient à se plaindre tombèrent entre leurs mains ; les Indiens les affamèrent pendant quelques jours, puis obligèrent celui qui avait encore un peu de force à creuser la fosse de son camarade et à l'enterrer vivant ; quand cette tâche atroce fut achevée, ils tuèrent le fossoyeur, et, par obéissance à quelque monstrueuse superstition, ils répandirent le sang sur la terre fraîchement remuée.

Après quelques mois d'interruption dans leur commerce pacifique, les Goajires, suffisamment vengés par la mort de quelques-uns de leurs ennemis et ressentant d'ailleurs la nécessité de s'approvisionner de *colette*[1], de parures, de poudre, de pierres à fusil, reviennent au marché pour apporter leurs denrées et offrir en même temps la paix à leurs ennemis les blancs et les noirs. Ceux-ci, trop heureux de voir enfin cesser l'état de siége auquel ils étaient soumis, acceptent avec empressement, et le trafic journalier recommence dans les mêmes conditions qu'auparavant. Des ranchos s'élèvent de nouveau dans le faubourg oriental de la ville, et les baigneurs rio-hachères reprennent leurs promenades matinales à l'embouchure du fleuve.

En paix comme en guerre, les Goajires conservent dans la ville le droit de se gouverner eux-mêmes, et se rient des lois grenadines. Pendant mon séjour à Rio-Hacha, une femme fut assassinée par un Indien d'une tribu campée près de Bahia-Honda : le meurtrier s'enfuit aussitôt et parvint à se soustraire aux recherches de la famille irritée. Quelques mois après, le bruit se répandit parmi les Goajires que l'assassin était caché dans une maison de Rio-Hacha ; les frères de la victime, suivis de leurs amis, armés de flèches et de fusils, entrèrent dans la ville et fouillèrent toutes les maisons l'une après l'autre, jusqu'à ce qu'ils eussent découvert le meurtrier tremblant.

---

1. Toiles de coton bleu qui servent de monnaie d'échange dans le pays, et dont les femmes font leurs vêtements (*mantas*).

On le garrotta, on le transporta au delà de l'embouchure, sur la levée de sable qui forme la pointe extrême du territoire goajire, puis le frère de l'Indienne lui trancha la tête d'un coup de machete. Toute la famille du criminel, découverte plus tard, eut le même sort, à l'exception de la femme, qui fut laissée pour morte sur le sable et eut encore la force de passer la rivière à gué et de venir mourir à Rio-Hacha. Cependant les Indiens acceptent quelquefois le prix du sang et pardonnent à celui qui les paye. Un négociant de la ville, don Nicolas Barros, a dans sa maison un petit Indien qu'il a racheté de la mort pour la somme de quarante francs.

Si les Rio-Hachères tremblent devant les Goajires, ceux-ci de leur côté redoutent les Cocinas et n'en parlent qu'avec frayeur. Ce n'est pas lâcheté chez eux, car ils sont les plus braves des hommes, et contre des flèches empoisonnées ils peuvent opposer des flèches de même nature et des balles de fusil qui vont plus sûrement à leur but ; mais les Cocinas sont anthropophages, et rien n'effraye plus les Goajires que la pensée d'être rôtis et dévorés après être tombés dans la bataille. La peuplade des Cocinas parcourt les savanes marécageuses qui s'étendent entre Maracaïbo et la Sierra de Macuira, le long du golfe de Vénézuela. Très-peu nombreuse, comme la plupart des tribus d'anthropophages, elle compte au plus quelques centaines de guerriers ; mais elle est puissante surtout par la terreur qu'elle inspire. Quand même elle disparaîtrait, les souvenirs du passé protégeraient longtemps son territoire.

Malgré les recommandations de mes amis de Rio-Hacha, je me hasardai plus d'une fois dans les possessions de la république goajire, et j'allai visiter plusieurs groupes de ranchos. Il est vrai que d'avance je m'étais fait présenter au chef connu par les Espagnols sous le nom de *Pedro Quinto* (Pierre V), espèce de géant, fier comme un mandarin chinois, d'une obésité qui prouvait sa richesse et l'habitude des repas copieux. A son tour, ce chef me fit voir à ses nombreux sujets, assemblés sur le marché de Rio-Hacha, et me plaça sous la protection de la tribu tout entière. J'avais un grand titre à son amitié : j'étais *Felansi*[1], peut-être le descendant de ces pirates qui avaient aidé les Goajires à brûler onze fois la ville de Rio-Hacha; aussi ma personne était-elle sacrée, et toute insulte faite à l'hôte de la tribu aurait été vengée dans le sang. D'ailleurs, eussé-je été Anglais, Espagnol ou même Cocina, dès que l'hospitalité m'était promise, je n'avais plus rien à craindre, et tous les ranchos m'appartenaient; je n'avais qu'à ordonner. Qu'un ennemi vienne demander un refuge chez les Goajires et réussisse à pénétrer dans sa cabane avant d'avoir été atteint d'une flèche ou

---

1. Français.

d'une balle, l'hôte le fera servir comme s'il était son meilleur ami, mais en ayant soin de tourner le dos et de jeter un voile sur son visage de peur d'échanger un regard de haine avec l'étranger suppliant.

Dans mes longues promenades le long des plages de la Goajire, je passai plusieurs fois à côté d'hommes, en apparence sans vie, étendus sur le sable et veillés par des femmes qui s'occupaient tranquillement à tisser des filets ou à tresser des chapeaux. Je crus d'abord que ces corps immobiles étaient des cadavres auprès desquels on avait placé des gardiennes pour chasser les caricaris et les vautours; mais une des femmes, qui savait un peu d'espagnol, me fit comprendre que son mari était non pas mort, mais ivre-mort depuis la veille. « C'est hier qu'il a vendu son bois de Brésil, » ajouta-t-elle d'un air confiant. Les voluptés que procure l'ivresse sont si grandement appréciées que la femme sent augmenter son respect affectueux pour son mari plongé dans cette fatale béatitude; elle s'agenouille à côté de sa tête, écarte les maringouins qui pourraient troubler son lourd sommeil, rafraîchit son front en l'éventant avec une aile d'aigle; dans une circonstance analogue, elle peut à son tour avoir besoin d'être veillée de la même manière.

A la conclusion de tout marché, le traitant riohachère livre au vendeur goajire une ou plusieurs jarres d'eau-de-vie garantie pure, mais fortement mélangée d'eau. L'Indien emporte dans son rancho la liqueur précieuse, et boit à même jusqu'à ce qu'il tombe en râlant sur le sable. On raconte qu'un navire chargé de rhum ayant fait côte sur les récifs de Punta Gallinas, la nouvelle se répandit immédiatement dans toute la péninsule, et pendant quelques jours la nation tout entière fut plongée dans la plus complète ivresse. Plus d'une fois, dit-on, des surons d'acide sulfurique, bus avec la même avidité que du rhum, ont causé la mort d'un pêcheur endurci. Le vice de l'ivrognerie n'a pas chez les Goajires les mêmes conséquences désastreuses que dans les pays de l'Europe civilisée : ici la misère vient toujours à la suite des habitudes de boisson, là-bas la pauvreté est inconnue; en outre les Goajires ont, comme tous les autres Indiens de l'Amérique, la merveilleuse faculté de pouvoir, sans souffrance, faire succéder la plus rigide sobriété aux festins et à l'ivresse. Quand le Goajire a tué un chevreuil ou une tortue, il dévore sans relâche jusqu'à ce que l'animal ait complétement disparu; s'il vient au milieu même du festin à s'endormir d'un sommeil de boa, il s'étend sur une natte en tenant sous la main les restes saignants, pour qu'au premier instant du réveil il puisse les porter à sa bouche. Lorsque la chasse et la pêche ont été infructueuses, le Goajire noue fortement sa ceinture autour de son ventre dégonflé, et jeûne pendant des jours entiers sans daigner jeter un regard de convoitise sur la nourriture de ses compagnons.

Malgré les vices et les défauts qui leur sont communs avec toutes les nations encore barbares, les Indiens aborigènes sont évidemment en progrès, et peut-être seront-ils pour la province de Rio-Hacha ce qu'ont été les Indiens de l'intérieur pour Socorro, Velez et Pamplona, l'élément le plus important de la régénération sociale. Jusqu'à ces dernières années, ils s'étaient gardés purs de tout mélange; mais les nombreuses occasions de contact créées par les rapports de commerce ont produit récemment quelques familles de métis remarquables. Peu à peu les vingt ou trente mille Goajires, attirés par leur intérêt dans le voisinage d'une ville dont la population s'accroît tous les jours, se fondront avec les habitants blancs et noirs du pays, et le féroce antagonisme des races disparaîtra. En échange de leur esprit de travail, de leur conscience, de leur indomptable courage, les Goajires recevront cette vivacité d'impressions, cette poésie des sens, qui rendent les créoles de sang mêlé si accessibles aux innovations de toute espèce.

Déjà le commerce des tribus goajires avec l'étranger est proportionnellement plus considérable que celui de toute autre communauté de la république grenadine. Par leurs apports journaliers sur le marché de Rio-Hacha, ils font bien plus pour la prospérité de cette ville que les habitants eux-mêmes ; en outre ils expédient directement à la Jamaïque et à Saint-Domingue des chevaux, les plus beaux de formes, les plus sobres de toute la Colombie, des bestiaux, du sel, des cuirs, des graines de dividivi, du *tasajo*[1]. Pour les besoins de leur trafic, ils ont appris à parler le papamiento, et quand le cercle de leurs idées s'élargira, il est hors de doute que leur langue, très-pauvre et adaptée à la simplicité de leur mode d'existence, disparaîtra graduellement pour faire place à l'espagnol. Leur idiome, qu'ils parlent d'une voix toujours dolente et triste, est issu de la source *chibcha* et se distingue comme cette langue par sa pénurie de sons et par les syllabes *tchi*, *tcha*, constamment répétées. On dit qu'un vocabulaire goajire recueilli par un missionnaire vers la fin du dernier siècle se trouve aujourd'hui à la bibliothèque de Stockholm.

La nature du sol, qui oblige les Goajires à se faire tour à tour commerçants et pasteurs nomades, ne leur a pas permis de réaliser de grands progrès en agriculture ; néanmoins, dans les derniers temps, plusieurs d'entre eux se sont établis çà et là sur la rive droite du Rio de Hacha, et ont défriché le terrain pour y planter des manguiers et d'autres arbres

---

1. Viande coupée en lanières et séchée à l'air.

à fruit. Sans perdre pour cela leurs habitudes errantes, ces Indiens viennent souvent visiter leurs jeunes plantations et faire la cueillette des fruits ; c'est ainsi que peu à peu ils se fixeront sur le sol et deviendront de véritables agriculteurs. Cinq ou six familles alléchées par l'appât du gain ont fait un pas de plus ; établies sur la rive espagnole du fleuve, à des distances variables de la ville, elles ont formé dans quelques bas-fonds faciles à irriguer des *rosas* où, grâce à une horticulture toute rudimentaire, elles récoltent des melons, des pastèques et du manioc en quantité suffisante pour approvisionner la cité. On prétend qu'afin de protéger leurs jardins contre les voleurs rio-hachères, les Indiens déposent des serpents venimeux dans les haies des rosas ; on dit aussi qu'ils plantent de distance en distance des pieds de manioc sauvage (*yucca brava*) qu'eux peuvent seuls distinguer des autres, et qui donnent la mort par leur suc vénéneux.

Un dernier trait de la physionomie des Goajires, qu'il faut indiquer en quelques mots, c'est leur haine contre la religion catholique. Ils ne voient dans cette religion que la foi exécrée de leurs antiques oppresseurs, la foi au nom de laquelle leurs ancêtres ont été décapités, coupés en morceaux, réduits en esclavage ; aussi tous les efforts tentés pour les convertir n'ont abouti qu'à exalter leur aversion pour le nom espagnol. Ils semblent n'avoir d'autre religion que l'amour de la liberté, et je n'ai même jamais pu réussir à savoir s'ils croyaient sincèrement au Grand-Esprit et à l'immortalité de l'âme. A toutes mes questions dans ce sens, ils répondaient par des regards étonnés ou par des rires méprisants. Une seule pratique me semble prouver qu'ils admettent l'existence d'un être vivant au-dessus de la terre : quand la foudre gronde, ils jettent dans l'air des tisons enflammés et poussent de grands cris, comme pour rendre à l'esprit de l'orage voix pour voix, éclair pour éclair. Ainsi, disent les traditions chaldéennes, Nemrod, le puissant chasseur, lançait des flèches contre les nuages, et plus d'une fois ces flèches retombèrent ensanglantées.

XII

LE MÉDECIN CHASSEUR. — LA CUESTA DE SAN-PABLO.
LA RANCHERIA. — LA SIERRA-NEGRA.

J'avais passé près de six mois à Rio-Hacha sans faire d'excursions importantes et sans pouvoir m'occuper du but principal de mon voyage. Je trouvai enfin une occasion favorable pour me diriger vers la Sierra-Negra, l'une des grandes ramifications des Andes, qui commence à quarante lieues au sud de la ville. Un matin je me mis en route, portant dans une *muchila*[1] quelques livres et une bouteille d'eau. Seul, à pied, on se sent toujours en plus intime communion avec le paysage environnant, on peut gravir toutes les collines, suivre les bords de tous

---

1. Espèce de gibecière tressée par les Indiens Aruaques avec les fibres de l'agave.

les ruisseaux, s'enfoncer dans tous les fourrés, pénétrer sous les ombrages mystérieux. Dans cette nature tropicale surtout, que je ne connaissais pas encore sous ses divers aspects, je désirais n'avoir point de compagnons, je voulais être tout entier à la joie des découvertes et tâcher de vivre pendant de longues semaines comme nos ancêtres errants à travers les forêts. Du reste, la matière ne devait pas souffrir de ce nouveau genre de vie; d'étape en étape, je devais trouver des hôtes que je connaissais déjà, ou pour lesquels on m'avait donné des lettres d'introduction.

A Treinta, village de mille habitants situé au pied des collines de San-Pablo, je descendis chez un compatriote, étrange personnage qui plus tard, je l'avoue, ne se conduisit pas toujours d'une manière honorable, mais que je n'avais alors aucune raison de soupçonner d'improbité. Señor Julio se vantait de descendre de la célèbre Ninon de Lenclos. Petit, maigre, pâle, affligé d'une toux sèche comme un poitrinaire, il semblait toujours à la veille de rendre le dernier soupir, et cependant il jouissait d'une santé singulièrement robuste. Quelle avait été sa vie passée? On l'ignorait; jamais il ne raconta dans quelles circonstances il avait quitté la patrie.

Depuis son arrivée dans la Nouvelle-Grenade, il exerçait à la fois trois professions : il était médecin, négociant et chasseur. Trop ignorant pour traiter les malades dans une ville comme Rio-Hacha, où se trouvaient déjà plusieurs médecins ayant, sinon de la science, du moins une longue pratique, il parcourait les villages voisins, Soldado, Treinta, Barbacoas, s'installait à côté du hamac des patients, les saignait de gré ou de force, et leur faisait avaler ses drogues. Sa qualité de Français, la lenteur doctorale avec laquelle il s'exprimait, surtout son étonnante santé lui assuraient une grande influence sur l'esprit de populations grossières. En outre, il professait une thérapeutique d'une extrême simplicité, et par cela même il plaisait aux paysans, qui aiment à suivre en toute chose une espèce de routine. Pour Julio, il n'existait que deux genres de maladies, celles qui proviennent d'un excès de chaud et celles qui sont causées par le froid ; il n'existait non plus que deux genres de moyens thérapeutiques, *los calientes* et *los frios*. Dans une région comme la plaine de Rio-Hacha, composée de terres sablonneuses qui reflètent les rayons d'un soleil vertical, presque toutes les maladies devaient être classées parmi les maladies *chaudes*, et le principal moyen employé pour rafraîchir le corps était de le saigner à outrance. Pendant les époques d'épidémie, la lancette du docteur Julio ne se reposait jamais ; partout où il se présentait, il était bientôt entouré de baquets pleins de sang. Il acceptait en payement des nattes, des hamacs, des éperons ; puis, quand il avait fait des provisions suffisantes, il partait pour la ville, suivi d'une caravane de mulets, louait une boutique dans le quartier commerçant, et pendant quelques mois restait derrière son comptoir, occupé à vendre ses marchandises. C'était la deuxième phase de son existence, de beaucoup la moins originale.

Mais, lorsqu'au milieu de ses occupations pacifiques le démon de la chasse s'emparait de lui, il abandonnait tout à coup marchandises et malades, et, se munissant d'un fusil, de poudre, de balles, d'un sac de sel et d'une fiole d'ammoniaque, il disparaissait sans même avertir sa femme. Quittant les sentiers frayés, il s'enfonçait dans la forêt vierge, cheminait à travers les marécages ou suivait le bord des précipices en quête de gibier. Dès qu'il avait abattu quelque bête, un singe, une *saïna*[1] ou un *mana*[2], il creusait un trou dans la terre, y allumait un grand feu, puis déposait le cadavre sur les charbons ardents et recouvrait le tout de branches et de feuilles. Ensuite il coupait la tige succulente d'un palmiste, la saupoudrait de sel, déterrait son rôti et faisait un délicieux repas. Le second jour,

---

1. Charmant animal de la famille des peccaris, très-facile à apprivoiser, fidèle comme un chien, gracieux dans ses mouvements comme une chèvre. Au milieu de son dos se trouve une ouverture d'où découle un liquide musqué.
2. Animal de la même famille que la saïna, mais plus grand. On en voit quelquefois des troupeaux de cinquante individus.

son dîner était plus agréable encore, car il pouvait y ajouter la liqueur qu'il avait obtenue en forant la tige d'une *palma de vino* et en bouchant le trou où la séve amassée s'était transformée en vin pendant la nuit. Pour ajouter ce luxe à ses repas, il fallait cependant qu'il fît bonne garde, car plus d'une fois les singes profitèrent de son sommeil pour déboucher les trous forés dans le palmier et s'enivrer à ses dépens. Quand son rôti était complétement mangé, le chasseur pénétrait dans une autre partie de la forêt, allait camper sur le bord d'un autre torrent, et attendait patiemment le passage d'une bande de singes ou d'un troupeau de manas. Il vivait ainsi des mois entiers, n'ayant pour toute société que les innombrables insectes qui bourdonnent dans l'air, les colonies de fourmis et de termites, et tous ces êtres qui glissent ou se traînent, volent ou bondissent dans la forêt vierge.

Pendant ces courses solitaires, il eut souvent à braver de sérieux dangers. Il se trouva face à face avec des jaguars; mais comme les Arabes qui rencontrent inopinément un lion, il effraya ces bêtes féroces en poussant des cris, en lançant des insultes méprisantes. Trois fois mordu par des serpents, il n'en éprouva jamais aucun mal, car dès son arrivée dans le pays il avait pris soin de s'inoculer le *guao*[1].

---

1. Plante bien connue dont le suc, inoculé d'avance, préserve très-certainement de la mort tous ceux qui sont mordus par

En outre, pour éviter l'enflure, il avait soin de verser sur la plaie quelques gouttes d'ammoniaque. Le danger le plus redoutable qu'il ait jamais couru était celui d'être emporté par des torrents soudainement grossis. Afin de passer la nuit sans être dévoré par les moustiques, les fourmis et les autres insectes, il était obligé de se coucher dans le lit même des rivières sur le sable frais et blanc ; mais lorsque les orages avaient déversé des trombes d'eau dans les vallées supérieures de la Sierra, les torrents, grossis tout à coup, descendaient en hurlant le long des pentes, et, réveillé en sursaut par le fracas que faisait l'avalanche des eaux bondissant de cataracte en cataracte et poussant devant elle des rochers mêlés à l'écume et à la boue, le chasseur avait à peine le temps de gravir la berge et de chercher un refuge au milieu des arbres.

Quand Julio revenait de ses expéditions de chasse dans la Sierra-Nevada, il avait généralement l'œil

---

des serpents venimeux. Les gens du pays qui veulent se prémunir s'inoculent au poignet une petite partie du parenchyme de la feuille de *guao*, et boivent une tisane où ils en ont fait infuser de petites branches ; ils répètent l'inoculation de quinze jours en quinze jours pendant quelques mois, et bravent ensuite impunément les vipères et les crotales. Le *guao* est ainsi nommé d'un oiseau très-commun dans la Nouvelle-Grenade, qui, dans ses luttes contre les serpents, va, dit-on, se percher de temps en temps sur cette plante et se fortifie en en mangeant à la hâte quelques feuilles. Dans les forêts qui avoisinent Rio-Hacha, le cri plaintif de l'oiseau *guao* domine tous les autres vers la tombée de la nuit.

hagard, comme tous ceux qui ont perdu l'habitude de voir d'autres hommes en face, et ses mouvements ressemblaient à ceux d'un fou. Plusieurs jours s'écoulaient avant qu'il semblât faire de nouveau partie de la société des hommes, et alors même il ne s'animait que pour raconter des histoires de chasse et mille anecdotes sur les singes, les pumas et d'autres bêtes de la forêt. Au lieu de chien de garde, il avait dans sa maison un petit jaguar attaché à une colonne du patio. Cet animal vivait en très-bonne intelligence avec deux singes qui passaient leur temps à faire des gambades et des grimaces. L'entente cordiale ne cessait que lorsqu'un morceau de viande était jeté au jaguar; alors celui-ci montrait les dents, avançait les griffes, et semblait tout disposé à dévorer quiconque s'aviserait d'être son commensal; pourtant les singes se le permettaient quelquefois, et vifs comme l'éclair, happaient les morceaux à côté de la gueule même du monstre.

Un caballero de Treinta pour lequel j'avais des lettres d'introduction me reçut avec la plus grande courtoisie, et insista vivement pour que j'allasse avec lui visiter une de ses propriétés, située à quelques lieues à l'ouest, dans une vallée de la Sierra-Nevada. Je savais déjà par expérience qu'il faut se méfier des formules de politesse castillanes, et je n'avais jamais eu le mauvais goût de prendre au mot ceux qui mettaient leur personne, leur maison et leur fortune à ma disposition. Cependant señor Alsina Redondo insista tellement pour me faire visiter sa plantation, que je promis de m'y rencontrer avec lui dans douze jours. Enchanté en apparence de ma promesse il entra complaisamment dans les détails de tout ce qu'il avait l'intention de faire pour célébrer dignement la venue d'un aussi noble étranger dans son domaine. J'écoutais avec une parfaite naïveté, sans me douter que mon hôte n'avait aucunement l'idée de se rendre à sa plantation de San-Francisco, et quand je repartis pour continuer mon voyage, je me faisais d'avance une fête de me reposer de mes fatigues dans la charmante *hacienda*. Je devais être singulièrement détrompé.

Au delà de Treinta, je commençai à gravir la Cuesta de San-Pablo, chaîne porphyrique de six cents mètres de hauteur environ, qui se détache du massif de la Sierra-Nevada et va se perdre à l'est dans les *llanos* de la péninsule goajire. A droite, à gauche, de toutes parts, je voyais des bananeries, des champs de maïs, des groupes de palmiers, de vastes plantations. Après les étendues sablonneuses et mornes qui séparent Rio-Hacha de Treinta, ces cultures diverses me charmaient les yeux comme autant de jardins enchantés; dans ces quelques champs, je prévoyais déjà l'avenir de l'Amérique méridionale telle qu'elle sera, peuplée et cultivée par un milliard d'habitants.

La chaîne de San-Pablo est infestée de serpents sur lesquels les gens du pays débitent les plus étranges fables pour effrayer les voyageurs. Ils disent que les serpents *alfombra*[1], — animaux très-inoffensifs, — attendent les passants, enroulés autour d'une branche, et les poursuivent en volant comme des oiseaux. Ils prétendent que les amphisbènes et les serpents-corail peuvent mordre à la fois par la tête et par la queue, et que la morsure produite par la gueule postérieure est de beaucoup la plus dangereuse. Ils affirment aussi que les serpents *boquidorada*[2] suivent les voyageurs à la piste et les traquent comme une proie. Ces reptiles accourent, dit-on, au bruit de la hache ou du machete, et les bûcherons ne peuvent couper une branche sans voir aussitôt des boquidoradas glisser vers eux du milieu des broussailles. Dans toute mon excursion, je ne rencontrai qu'un seul de ces dangereux serpents, auquel je fis inutilement la chasse à travers les rochers.

Vers le soir j'atteignis le col, d'où je vis se déployer au sud une partie de la riche plaine de San-Juan, dominée par la chaîne bleue de la Sierra-Negra (Montagnes Noires). Je descendis une pente roide, le long d'un torrent qui bondit dans un lit

---

1. Le serpent *alfombra* ou *tapis* est une variété du boa.
2. Ainsi appelés de *boca dorada*, bouche d'or, à cause de deux raies jaunes qui entourent leur gueule.

profond de calcaire bleuâtre et qu'ombragent de magnifiques *ceibas* ou fromagers aux troncs tout cicatrisés de coups de hache[1]. La nuit tomba, et dans l'obscurité je ne sus pas découvrir le sentier qui mène au village de la Chorrera, où le beau-frère du vice-consul français se fût empressé de me donner l'hospitalité. Je marchai toujours dans l'espérance de trouver une cabane, et j'arrivai enfin au bord d'une large rivière que j'entendais mugir sur les rochers sans pouvoir la distinguer autrement que par ses nappes d'écume. Cette rivière est la Rancheria, la même qui plus loin décrit un vaste demi-cercle dans les plaines de la Goajire, et va se jeter dans la mer près de la ville, sous le nom de Rio de Hacha ou de Calancala. Je ne pouvais songer à passer dans l'obscurité ce large torrent, dont je ne distinguai pas même l'autre bord, et, saisissant mon poignard, afin de pouvoir au besoin me défendre contre un animal féroce, je m'étendis sur une plage de sable blanc.

Jamais peut-être je n'ai passé de nuit plus agréable. Quand je me réveillai, les nuages s'étaient dispersés, les étoiles brillaient au ciel; entre les branches qui s'entrelaçaient au-dessus de ma tête, je voyais resplendir la lumière tranquille de Jupiter;

---

[1]. Les pêcheurs versent le suc vénéneux de cet arbre dans l'eau des rivières afin d'étourdir les poissons, qu'on peut ensuite recueillir à la surface.

derrière les rochers qui se dressent de l'autre côté du torrent, les astres disparaissaient l'un après l'autre. Bientôt le ciel se revêtit d'une légère teinte rose, et je vis graduellement jaillir de l'obscurité tous les détails d'un charmant paysage dans sa plus fraîche toilette du matin; à mes pieds, l'eau tourbillonnait au milieu des rochers et se brisait en écume; sur la rive opposée, les hauts palmiers jaillissaient de l'épais branchage des caracolis; au-dessus de la forêt apparaissait un rempart à pic, haut de cent mètres, et tellement uni qu'on l'eût dit taillé par la durandal d'un autre Roland; à l'ouest, la rivière, encore recouverte des ombres de la nuit, semblait sortir d'un gouffre noir, tandis qu'à l'orient des flèches de lumière perçaient l'arcade de verdure formée par les arbres penchés, et les flots tumultueux qui reflétaient l'aurore, semblaient courir vers les nuages pourpres de l'horizon comme pour se confondre avec eux. Tout en admirant ces magnificences du paysage, je sautais de rocher en rocher et je luttais contre la violence du courant. J'arrivai à l'autre bord sans autre accident que la perte d'un livre de statistique sur les finances néo-grenadines; je ne m'arrêtai pas longtemps à lui donner des regrets.

La muraille de rochers qui s'élève au-dessus de la rive droite de la Rancheria doit évidemment sa forme actuelle aux vagues d'un lac ou d'un fleuve qui venaient en frapper la base : c'est une ancienne falaise, ainsi que le prouvent les escarpements, les grottes, les terrains d'alluvions des plaines avoisinantes et les coquillages d'eau douce épars sur le sol. Toutes les collines qui environnent ce bassin sont coupées par des falaises à pic dont la base est située à la même élévation : on ne peut douter qu'autrefois une vaste nappe d'eau s'étendît entre la Sierra-Nevada et le chaînon des Andes appelé Sierra-Negra. Peut-être le Rio-Magdalena traversait alors ce lac d'eau douce et empruntait le lit actuel de la Rancheria ; peu à peu, le soulèvement graduel de la Sierra-Nevada aura déversé le lac dans la mer et rejeté le Magdalena plus à l'ouest, vers le golfe qui s'étendait entre Carthagène et Sainte-Marthe, et qui depuis a été comblé par les alluvions du fleuve. Maintenant encore le renflement de terrain qui sépare du bassin de la Rancheria celui du Rio-Cesar, affluent du Magdalena, est à peine prononcé, et l'on pourrait facilement creuser un canal qui réunirait les eaux du haut Magdalena au port de Rio-Hacha. Si la Nouvelle-Grenade comprend ses intérêts commerciaux, le premier chemin de fer important qu'elle fera construire sera celui de Rio-Hacha à Tamalameque, sur le Magdalena ; le courant commercial suivra la direction que lui a tracée le courant des eaux dans les âges géologiques, et traversera un bassin d'une fertilité sans bornes, parsemé déjà de nombreux centres de population : San-Juan, Fonseca, Barranco, Cañaveral, Urumita, Badillo, Valle-Dupar.

Une de ces localités, Villanueva, où j'arrivai deux jours après avoir franchi la Cuesta de San-Pablo, me frappa surtout par son apparence de prospérité et sa situation merveilleusement belle. Les maisons, peintes en jaune, sont ombragées par des arbres d'une opulence rare, même dans la zone équatoriale; de beaux chemins sur lesquels les voitures pourraient facilement circuler rayonnent dans tous les sens; des *asequias* ou ruisseaux d'irrigation, coulant sur les pierres avec un doux murmure, entretiennent dans les jardins la plus riche végétation; au loin s'étend la plaine, immense fleuve de verdure étalé entre deux rangées de montagnes parallèles, dont l'une a deux mille mètres et l'autre de cinq à six mille mètres d'élévation. A l'est, la Sierra-Negra, chaîne relativement modeste et pourtant plus haute que nos Vosges, ouvre ses larges vallons boisés et déploie ses cimes arrondies, au-dessus desquelles le Cerro-Pintado (Mont-Peint), posé comme une grande forteresse rectangulaire, projette des bastions alternativement blancs et noirs. A l'ouest, la Sierra-Nevada, aux escarpements rouges et nus, couronne son énorme muraille de pics taillés en forme de pyramides et couverts de neiges immaculées comme d'un revêtement de marbre. Chaque matin, le phénomène de l'illumination, si remarquable dans les Alpes, se reproduit sur ces montagnes dans toute sa splendeur. Quand les rayons du soleil levant apparaissent au-dessus des cimes de la Sierra-Negra et vont frapper les crêtes opposées, ils dessinent d'abord dans le ciel comme une immense voûte lumineuse, puis allument çà et là des phares étincelants sur les pics de la Nevada ; par degrés, la lumière ruisselle sur les flancs des monts comme un immense incendie, enveloppe la chaîne entière dans son manteau de feu, et, se répandant enfin dans la plaine, change en d'innombrables diamants les gouttes de rosée et l'eau scintillante des torrents.

Un planteur de Villanueva, M. Dangon, à qui j'avais été spécialement recommandé, est le type de ces colons intrépides qui font à eux seuls pour le développement des ressources d'un pays plus que dix mille émigrants éparpillant leurs forces et travaillant au hasard. Comme tant d'autres, il avait à son arrivée sur le sol d'Amérique tâtonné à la recherche de sa destinée : il s'était fait menuisier, maçon, marchand de cotonnades, traitant ; mais la fortune ne l'avait pas favorisé dans ces diverses professions. Alors il avait pensé à l'agriculture, et, empruntant huit mille francs à vingt-quatre pour cent par an, il s'était mis hardiment à la besogne. En six ans, il avait payé le capital et l'intérêt, mis en culturé quatre-vingts hectares de terrains, planté plus de cent mille pieds de café, et il possédait un revenu annuel égal à son premier emprunt. Ce qu'il a fait pour lui-même est peu de chose comparé à l'impulsion qu'il a donnée au pays entier. Il a ouvert de larges chemins, construit des ponts, creusé des aqueducs, importé des plantes alimentaires inconnues dans le pays, bâti de jolies maisons qui donnent aux habitants de la plaine l'idée du confort. Déjà une douzaine de caballeros de Villanueva, d'Urumita et de Valle-Dupar qui, avant l'arrivée de M. Dangon, n'avaient d'autre occupation que de fumer élégamment le cigare, ont fait défricher d'autres parties de la Sierra-Negra, et plus de six cent mille pieds de café produisant, bon an, mal an, plus de trois cent mille kilogrammes de baies, sont en plein rapport. En six ans, voilà ce qu'a su faire par son énergie un simple étranger obéré, dès le premier jour de son travail, par le taux plus qu'usuraire du capital emprunté.

Combien médiocre en comparaison est l'influence de son prêteur, riche commerçant cinq fois millionnaire, qui possède dans la Sierra-Negra plusieurs lieues carrées d'un terrain très-fertile et des mines de cuivre d'une telle richesse que de plusieurs lieues on en voit sur le flanc de la montagne les veines irisées de vert et d'azur! Malgré tous ces éléments de colonisation et la fortune dont il dispose, le riche propriétaire n'a su encore tirer aucun parti de son immense domaine. Pour réussir dans un pays nouveau, il faut savoir se créer de toutes pièces une destinée et ne pas chercher une position déjà faite. En Europe, l'homme appartient pour ainsi dire à sa profession, à son métier; en Amérique, il choisit librement sa propre vocation. De là un développement extraordinaire du sentiment de la liberté, bien suffisant pour expliquer les institutions républicaines du nouveau monde. Un homme qui a commandé aux événements, qui a fait obéir le destin, ne saurait céder aux gens de police, aux gendarmes, aux employés de toute sorte, ni se plier aux mille exigences d'une loi tracassière.

La plantation de M. Dangon est située à deux lieues au nord de Villanueva, dans une espèce de cirque dominé par des collines en pente douce qui s'appuient sur la base du Cerro-Pintado; un éperon projeté dans l'intérieur du cirque porte les bâtiments d'exploitation, l'aire et la maison de campagne; toutes les cultures s'étalent au fond du cirque et sur le penchant des collines, de manière à pouvoir être embrassées d'un seul coup d'œil. D'un côté sont les bananiers, penchant sous le poids des régimes aux cent fruits, plus loin les cannes à sucre, dont les panaches violets ondulent au vent, ailleurs les caféiers en quinconces, dont la sombre verdure est étoilée d'innombrables baies rouges. En bas, la vaste plaine du Rio-Cesar, nivelée comme la surface d'un lac, étale d'un horizon à l'autre ses flots de verdure, au milieu desquels se montrent çà et là quelques points blancs ou rouges : ce sont les villages épars. Dans un avenir prochain sans doute, ces points, encore trop clair-semés, augmenteront en nombre et en diamètre, comme des îles qui émergent lentement du sein des mers ; puis ils se réuniront par des lignes cultivées, et ces campagnes finiront par ressembler aux nôtres, où les cultures dominent, où les arbres n'apparaissent que par bouquets isolés.

Les agents de cette transformation seront en grande partie les immigrants d'Europe et de l'Amérique du Nord ; mais les Indiens de la Sierra, Tupes, Araques, Chimilas, y joueront aussi un rôle important. Les Chimilas étaient encore il y a quelques années les ennemis irréconciliables des Espagnols et des hommes de couleur ; vêtus d'écorce d'arbre, ils habitaient dans les grottes et les forêts qui entourent le Cerro-Pintado, et l'étranger qui s'aventurait près de leurs retraites était impitoyablement massacré. Un jour, un nègre d'une force herculéenne, Cristoforo Sándoval, inspiré par on ne sait quelle audacieuse pensée, alla se présenter devant le chef des Chimilas, sans armes, accompagné seulement de son jeune fils. On ignore au moyen de quel *grigri* le nègre sut charmer le Peau-Rouge ;

mais l'effet en fut immédiat, le *caporal* abdiqua, et Cristoforo devint à sa place le chef des guerriers Chimilas. Depuis ce jour, ces Indiens ont cessé de menacer les Espagnols, et de brigands se sont faits agriculteurs. Tels qu'ils sont, ils pourraient servir de modèles à d'innombrables créoles, auxquels le travail n'a jamais inspiré que l'effroi.

Deux jours après avoir quitté M. Dangon, j'eus l'occasion de voir un de ces créoles paresseux qui passent leur vie à se balancer dans leurs hamacs; je venais d'atteindre le misérable village de Corral-de-Piedra, et j'avais demandé l'hospitalité dans une maison où, quelques années auparavant, le fils du célèbre minéralogiste allemand Karsten était resté plusieurs jours. Je parlai à mon hôte de la belle plantation que je venais de voir.

« Bah! répliqua mon hôte en levant les épaules. *Come el señor Dangon mas platanos que io?* (M. Dangon mange-t-il plus de bananes que moi)? Je suis aussi riche que lui, puisque je puis manger et faire l'amour à mon aise. »

Les derniers jours de mon excursion furent remplis d'aventures. Je restai deux grands jours égaré dans les montagnes de la Sierrita, à l'angle oriental de la Sierra-Nevada; je passai deux nuits sur le sol en proie à des légions de garrapatos; j'eus à franchir divers torrents fougueux dont les eaux me renversèrent plus d'une fois et me roulèrent à travers les roches; plus loin, je souffris de la faim et de la soif, et je fus trop heureux de rencontrer une famille de lépreux qui voulut bien partager ses bananes avec moi et me laisser boire dans l'écuelle commune. Du reste, pendant tout ce voyage, lorsque j'eus la chance de rencontrer des cabanes, je n'eus qu'à me louer de l'hospitalité empressée de tous ceux à la porte desquels je frappai. Les femmes surtout m'attendrissaient par leurs attentions délicates, leur voix d'une douceur merveilleuse, leur regard d'une suavité parfaite. Les paysannes colombiennes sont tellement aimables et gracieuses, qu'on ne peut vraiment les comparer qu'aux gazelles ou aux colombes.

A San-Juan, le médecin don Joaquim Bernal, qui, depuis cette époque, a été nommé gouverneur de la province de Rio-Hacha, me reçut de la manière la plus affable et ce fut certainement avec joie, sans fausse politesse, qu'il mit à ma disposition tout ce qu'il possédait. En entrant dans sa maison, d'ailleurs très-simplement meublée, je fus ébloui à la vue des rayons chargés de livres qui couvraient toutes les parois: cette bibliothèque, importée à des frais énormes de France et d'Angleterre dans un village perdu au milieu des forêts vierges, se composait de plusieurs milliers de volumes choisis. Don Joaquim me fit les honneurs de ses trésors en homme de goût et me prouva qu'aucune branche de la science ne lui était étrangère. J'eusse bien voulu céder à ses sollicitations et rester plusieurs jours avec lui pour relire mes auteurs favoris, converser sur l'avenir de la patrie grenadine, visiter les montagnes environnantes, tenter en sa compagnie l'ascension du redoutable Cerro-Pintado; mais je me rappelais la promesse que j'avais faite à Treinta et je ne voulais à aucun prix manquer à la parole donnée au caballero Alsina Redondo. M'arrachant à regret à l'hospitalité de don Joaquim, je parvins, grâce à une marche forcée, à franchir la Cuesta-Dieguita vers la fin du jour convenu, et j'arrivai à l'heure de minuit devant la porte de la plantation. Je frappai, pas de réponse; j'essayai d'ouvrir, pas de clef. Il ne me restait qu'à m'étendre devant la porte et à dormir de mon mieux sur les cailloux.

Le lendemain, en repassant à Treinta, je fis part de mon équipée à señor Alsina, qui, en dépit de sa politesse, ne songea même point à s'excuser, tant ma naïveté lui sembla prodigieuse! Les formules de courtoisie, les phrases banales d'étiquette, les promesses gracieuses faites sans qu'on ait la moindre intention de les tenir sont une des plaies des sociétés où domine l'influence castillane. Les étrangers qui ne sont pas initiés à cet absurde verbiage de politesse se croient environnés d'hommes faux et perfides qui ne savent prononcer une parole sans mentir. On raconte du général Bolivar qu'il avait l'habitude de recruter sa cavalerie en prenant au mot ceux qui abusaient des formules courtoises.

« *Que hermosos caballos!* disait-il en voyant des chevaux qui lui faisaient envie.

—*Son todos á la disposicion de Vmd*, s'empressaient de répondre les propriétaires.

—*Muchas gracias!* »

Et le général Bolivar donnait l'ordre à un soldat d'emmener les montures.

XIII

LA CARAVANE. — LE PASSAGE DE L'ENEA. — LE PANTANO. — LES SEPT PLAIES DU VOLADOR.

Habitant la Nouvelle-Grenade depuis plus d'une année, je connaissais les mœurs des indigènes, les ressources agricoles du territoire; j'avais formé de nombreuses et agréables relations, et je pouvais compter sur la sympathie de mes nouveaux concitoyens comme si j'eusse été moi-même un Rio-Hachère. Aussi le moment me sembla-t-il venu de réaliser mes plans d'agriculture et de colonisation dans quelque vallée de la Sierra-Nevada. Don Jaime Chastaing, le menuisier français, était de plus en plus mécontent de son sort; il me pria de l'accepter pour associé, et j'eus la faiblesse de lui céder. Je pensais naïvement qu'il avait enfin découvert sa vocation à l'âge avancé de soixante-dix ans, et que toute son activité dormante s'était sérieusement réveillée. Je n'oubliais pas non plus que j'allais vivre au milieu des Indiens Aruaques, loin de toute société civilisée, et n'ayant d'autre compagnie que la nature, quelques livres et mes projets. — Avec quelle douceur, pensais-je, ma langue maternelle, parlée par un compatriote au milieu de cette solitude, ne résonnerait-elle pas à mes oreilles !

Avant de transporter dans la Sierra-Nevada des instruments d'agriculture, des outils, et tous les objets qui pouvaient nous être utiles pour une exploitation régulière, il importait d'abord de faire un voyage de reconnaissance; mais au moment du départ les difficultés commençaient déjà. Comment ferais-je pour vivre dans la Sierra, parmi ces Indiens qui ignorent la valeur de l'argent, et ne vendent des fruits ou des racines qu'en échange de marchandises? Fallait-il me faire suivre d'une caravane d'ânes et de mulets portant des provisions pour un temps illimité, ou bien devais-je me résoudre à faire le commerce d'échange, comme tous les Espagnols qui visitent la Sierra? Ce moyen était le plus simple et le plus commode, car un seul animal devait me suffire pour transporter de montagne en montagne mon petit magasin ambulant, composé, comme celui de tous les autres traitants, de quelques livres de morue, d'aiguilles et de laines de diverses couleurs. D'ordinaire on vend aussi de l'eau-de-vie aux Aruaques, et c'est même la denrée qui trouve chez eux le plus d'acheteurs. Moi, qui prétendais au rôle de civilisateur, je refusai de leur porter cette boisson funeste.

Vers le commencement du *veranito* [1], je partis un matin, de très-bonne heure, avec Luisito, le fils de mon associé don Jaime. J'allais en tête, suivi du modeste baudet chargé de ballots; puis venait Luisito, qui, faisant son premier voyage, se croyait obligé de porter toute une panoplie : un fusil, deux ou trois machetes, des pistolets et des couteaux. Deux chiens gardaient les flancs de la caravane, ou nous précédaient en relevant leurs queues en trompette. Un traitant que nous avions vu la veille nous avait appris que la plage était dans la meilleure condition possible, et qu'il était facile de passer à gué toutes les rivières. Ainsi commençait, sous d'assez favorables auspices, un voyage qu'il est utile peut-être de raconter avec quelque détail, parce que de longtemps encore les péripéties qui mirent notre patience à l'épreuve seront le partage des émigrants, des savants ou des touristes qui visiteront la Sierra-Nevada.

---

[1]. Deuxième saison des sécheresses; elle dure dans l'État du Magdalena environ deux mois, du commencement de novembre à la fin de décembre.

En deux ou trois passages difficiles, il faut éviter des promontoires escarpés qui plongent abruptement dans les flots; mais partout ailleurs on suit la plage entre la mer grondante et les falaises ou les chaînes de dunes. La forêt se montre à une petite distance de la mer. En général peu fournie, elle se compose de zones d'arbres épineux entourant des clairières où les termites bâtissent leurs obélisques et leurs pyramides aux mille corridors; çà et là des mimosas hérissés de piquants, des cactus tortus comme des serpents autour des troncs, ou tapis dans les lézardes du sol comme autant de scorpions venimeux, des orties gigantesques, et d'autres plantes dont chaque fibre est un dard, forment un obstacle bien plus infranchissable encore que la végétation exubérante des forêts vierges. Les seuls animaux qui vivent dans ces fourrés sont les serpents, les lézards et les oiseaux. Le soir, des perruches vertes et des *periquitas* s'abattent sur certains arbres en si grand nombre que les branches en plient, et jusqu'à la tombée de la nuit elles font un vacarme étourdissant, dont les conversations glapissantes de nos pies ne sauraient donner qu'une faible idée.

Nous cheminions résolûment sur la plage, faisant un écart vers la falaise à chaque bond de la vague, et redescendant sur le sable affermi du bord à chaque retrait des eaux. Après six heures de ce genre de gymnastique, la fatigue se fit sentir. Les rayons pesants du soleil, réverbérés par les sables blancs et les falaises, et réfléchis par la surface de la mer, nous enveloppaient d'une intolérable chaleur ; une soif ardente commençait à nous dévorer, et quand mon camarade eut épuisé notre petite provision d'eau, il se mit à gémir lamentablement. Tous les moyens usités en pareil cas furent inutiles : les fruits aigrelets des cactus que nous trouvions çà et là suspendus aux escarpements de la falaise nous rafraîchissaient à peine un instant ; l'eau de mer, dont nous remplissions notre bouche, ne servait qu'à nous excorier le palais ; la soif allait toujours en augmentant. Enfin nous arrivons à l'anse de la Guasima, qui sert de port au grand village de Camarones, situé à l'intérieur des terres, et pendant que mon camarade s'étend exténué à l'ombre d'un vieux palmier, je vais à la recherche d'une fontaine que l'on m'avait dit sourdre à une petite distance de la Guasima. Elle était tarie, de la veille peut-être, car le sol était encore humide : pas une goutte d'eau ne perlait dans le bassin. Je revenais pour annoncer la triste nouvelle à Luisito, lorsqu'en levant les yeux vers la cime du palmier, j'aperçus deux noix à demi cachées sous les branches flétries. Quelle merveilleuse aubaine ! Le pauvre arbre, le seul qu'il y eût sur la côte, de Rio-Hacha à dix lieues plus à l'ouest, était si malingre, il avait reçu des passants tant de coups de machete, que je n'avais pas même songé à y chercher des fruits. J'y grimpai non sans peine, et je cueillis les précieuses noix. Quand je repassai plus tard à la Guasima, le cocotier semblait tout à fait mort : il est vrai qu'à côté de son tronc desséché on avait commencé à bâtir une espèce d'auberge. Les voyageurs n'ont plus à craindre de mourir de soif sur cette plage brûlante : c'est là un incontestable progrès de la civilisation grenadine.

Au delà s'étend la vaste lagune de Camarones, qui communique avec la mer par le chenal de Navio-Quebrado (Navire-Brisé); quelquefois les sables obstruent complétement cette ouverture, et l'on peut y passer à pied sec, mais le plus souvent c'est un fleuve rapide coulant alternativement de la mer vers la lagune ou de la lagune vers la mer. Il en était ainsi lors de notre voyage. Franchir ce courant eût été impossible à cause de la force des vagues et du sable mobile de la barre, qui se creuse et s'affaisse sous les pas. Il nous fallut remonter au loin jusque dans l'intérieur de la lagune et passer à gué un banc de récifs jaunâtres que nous apercevions vaguement à travers l'eau. Notre passage fut un vrai désastre; l'âne s'embourba, les ballots s'en allèrent flottant à la dérive, et nous fûmes obligés de nous jeter à l'eau pour les repêcher. Trempés, déchirés, les pieds tout meurtris par les arêtes aigués des récifs, nous atteignîmes enfin l'autre rive avec notre malheureux baudet et nos deux caniches aussi humiliés que nous. Luisito avait perdu ses deux pistolets et moi une paire de chaussures : il me fallait continuer ma route en sandales.

Nous espérions au moins passer agréablement la nuit et nous reposer de nos fatigues de la journée au rancho de Punta Caricari, situé sur un promontoire à l'extrémité d'une vaste savane environnée de lagunes ; mais nous avions compté sans les moustiques et les *pitos*, gros scarabées qui se promènent sur les dormeurs et les mordent jusqu'au sang. La nuit tout entière s'écoula en tentatives de sommeil avortées et en promenades sur le bord de la mer, entreprises dans le vain espoir de trouver une petite crique non infestée de maringouins. En outre, l'odeur pestilentielle de quelques cadavres de bœufs, à demi dévorés par les aigles, nous poursuivait partout, et nous craignions que cette odeur n'attirât des pumas ou *leones* qui visitent assez fréquemment le rancho de Caricari.

Quelle joie quand la matinée s'annonça, fraîche et délicieuse comme elle l'est toujours dans les régions tropicales ! Les arbres, les dunes, les horizons se dégagèrent graduellement de la demi-obscurité qui les enveloppait ; le soleil s'élevant au-dessus des forêts lointaines, sema tout à coup sur les flots des myriades d'étincelles et dora le pourtour de l'horizon.

Nous doublions le promontoire de Punta Tapias; à chaque pas se dévoilait du côté de l'ouest un nouveau détail de l'admirable panorama des montagnes. La chaîne de la Sierra-Nevada, dont nous n'avions aperçu la veille que les pentes supérieures et les glaces, nous apparaissait dans son entier de l'orient à l'occident et du sommet à la base, immense tableau encadré entre l'azur du ciel et celui des mers. A gauche, une vaste baie arrondie en demi-cercle prolongeait jusqu'au pied de la Sierra sa longue courbe de sable blanc entre l'étendue bleue des eaux et la ceinture verdoyante des forêts. Au delà s'élevaient les premières collines, semblables à des cônes de verdure, puis les montagnes s'étageaient diversement, les unes couvertes de bois, les autres de prairies, et les chaînons se dressaient au-dessus des chaînons avec leurs dégradations de lumière, d'ombre et de lointain. Au-dessus de cet entassement de montagnes se découpait sur le ciel la ligne hérissée des pics resplendissants de neige. Tout à fait à l'ouest, la chaîne projetait dans la mer le promontoire de Punta Maroma, aigu comme un fer de lance, et se continuait au loin sur les flots par un épais brouillard; sans doute un de ces nuages dans lesquels tourbillonnent des milliards de papillons blancs. Sur la courbe de la baie, longue de quinze lieues, se montraient deux ou trois cabanes qu'on pouvait à peine distinguer des arbres qui les entouraient : c'était là tout ce qui rappelait l'homme dans cet immense espace. La vie animale elle-même n'avait pour représentants que des aigles tournoyant au-dessus de la mer. Une paix solennelle régnait sur la nature. Le seul contraste à cette tranquillité superbe de l'océan et des montagnes était produit par quelques vagues écumeuses qui bondissaient autour d'un écueil à une petite distance au nord de Punta Tapias. Certes ce beau spectacle compensait pour moi bien des fatigues, et si mon long voyage ne m'avait procuré aucune autre jouissance, je me croirais encore amplement dédommagé. Quand donc les touristes et les amants de la nature se feront-ils un devoir d'aller admirer ces régions de l'Amérique tropicale? Nos peintres ont trouvé une riche mine à exploiter dans les déserts de la Palestine et de l'Égypte, et depuis longtemps ils en reproduisent avec bonheur les rochers brûlés et les rouges horizons. En Amérique, ils retrouveront la lumière de leur soleil d'Orient, et de plus, comme un résumé de la nature dans ces savanes à perte de vue, ces marécages sans fond qui disparaissent sous une couche de végétation flottante, ces montagnes neigeuses aux courbes à la fois si élégantes et si hardies, ces forêts luxuriantes composées d'arbres de toutes les zones et de tous les climats !

Avant d'atteindre le hameau de Manavita, il nous restait à franchir l'Enea, le fleuve le plus dangereux de toute la province à cause de la rapidité de son courant et surtout des animaux qui le peuplent, crocodiles, requins pantoufliers et raies électriques. D'après l'opinion générale, qui sans aucun doute est fondée sur l'expérience des siècles, les crocodiles sont redoutables dans certaines rivières, tandis que dans beaucoup d'autres ils sont comparativement inoffensifs et ne s'attaquent jamais à l'homme; bien des voyageurs qui traversent sans crainte le Perevere ou tel autre cours d'eau de la contrée n'osent jamais franchir l'Enea, dont les crocodiles sont accusés d'anthropophagie. D'où provient cette voracité particulière qui distingue les alligators de l'Enea? Est-ce qu'ils se trouvent là dans un milieu plus favorable qu'ailleurs et ces terribles sauriens y atteignent-ils des dimensions plus formidables que dans les autres rivières? ou bien les eaux et les rives sont-elles plus dépeuplées, en sorte que les crocodiles sont poussés par la faim à se jeter sur toute espèce de proie? Les raies qui fréquentent l'embouchure de l'Enea sont peut-être encore plus dangereuses que les crocodiles, car leur premier attouchement suffit pour étourdir. Ces terribles animaux ont presque entièrement fait abandonner la pêche des perles dans la baie de Panama : en l'année 1854, dix-sept nègres pêcheurs de cette ville ont été tués dans l'eau par leurs décharges soudaines.

Nous avancions avec une certaine crainte : déjà,

en suivant la levée de sable qui sépare de la mer la première des deux embouchures de l'Enea, nous avions remarqué de larges sillons creusés par le ventre d'un crocodile, et bien que ces animaux ne fréquentent d'ordinaire que les eaux saumâtres, nous en avions aperçu trois nageant dans la mer, semblables à des troncs d'arbres noueux. Cependant nous devions passer sur les barres des deux embouchures qui dessinaient à notre droite leur double ligne convexe de brisants. D'abord il fallut décharger le baudet, le pousser à travers l'eau et l'écume jusqu'à l'île de sable au milieu du delta, puis revenir chacun deux fois pour nous charger des ballots et prendre les deux chiens, qu'épouvantait le tumulte des flots. Arrivés sains et saufs dans l'île avec animaux et marchandises, il nous restait à traverser le second et principal bras du fleuve. Il avait près de deux cents mètres de large, mais nulle part l'eau ne dépassait nos aisselles, en sorte qu'il nous fut toujours facile de fendre l'eau avec nos machetes dans le but d'effrayer ainsi les animaux qui auraient pu s'approcher de nous trop curieusement. Nous atteignîmes enfin l'autre rive sans encombre ; mais quelques minutes après, au passage d'un petit marigot où nous avions cru inutile de nous mettre sur la défensive, l'un de nos deux chiens fut tout à coup happé par un crocodile, poussa un faible cri, et disparut sous l'eau avec son ravisseur.

Au delà de l'Enea, il fallut encore traverser plusieurs ruisseaux ou affluents temporaires de marécages n'offrant pour nous d'autre désagrément que celui de rouler une eau corrompue. Chose curieuse, et qui prouve combien tout dans la nature obéit à des lois immuables, tous ces cours d'eau ont, de même que l'Enea, leur bouche dirigée vers l'ouest, évidemment parce que les vents alizés et les courants portent toujours du nord-est au sud-ouest, et, par leur travail incessant, forment une longue levée de sable sur la rive orientale des diverses embouchures. Pendant la saison pluvieuse, les marécages situés entre les deux villages de Punta del Diablo et de Dibulla s'ouvrent vers la mer dix ou quinze affluents, qui tous, sans exception, coulent de l'est à l'ouest à travers les sables avant de se déverser dans l'Océan.

Je m'arrêtai à peine une heure à Dibulla, où je devais quelques mois plus tard passer des jours bien tristes, et j'arrivai avant la nuit dans la cabane du Pantano, qui s'élève sur la plage à l'endroit même où le sentier de la Sierra quitte le bord de la mer pour pénétrer dans l'intérieur des terres. La cabane est ainsi nommée à cause du marécage que je devais traverser le lendemain : inutile de dire que l'existence est un vrai martyre dans cette misérable hutte ; entre toutes celles du golfe, la crique voisine a mérité le nom de Rincon-Mosquito (Anse des Moustiques).

La Sierra-Nevada est défendue de presque tous les côtés par une zone de marécages que des entassements de pierres et de débris, semblables à d'anciennes moraines, séparent des plaines environnantes. Ces amas de roches et de cailloux ont-ils été ainsi formés par des avalanches d'eau successives descendues comme un déluge des gorges de la montagne, et poussant devant elles une digue flottante de blocs arrachés aux flancs du roc vif? ou bien sont-ils de véritables moraines et doivent-ils nous prouver que la zone tropicale, elle aussi, a eu sa période de glaces et de frimas? C'est là une question que l'état actuel de la science et les rares explorations faites dans la Sierra-Nevada ne permettent guère de résoudre ; mais il est certain que ces monticules de débris sont bien en effet des terrains de rapport charriés à une époque où des agents géologiques, aujourd'hui très-affaiblis, étaient encore à l'œuvre dans toute leur force. Immédiatement au sortir de la cabane du Pantano, on gravit une de ces moraines où des arbres épineux croissent au milieu des pierres, puis on redescend dans une vaste savane où sont épars des bouquets de tulipiers (*liriodendron*), quelques palmiers-maurices et des touffes de joncs gigantesques : c'est là que commencent les marécages.

Pendant les saisons pluvieuses, la grande abondance d'eau réunie dans ce bassin brise en certains endroits la chaîne de dunes qui le sépare de la mer : il est alors assez facile de le traverser parce que les eaux croupissantes sont remplacées par des ruisseaux comparativement clairs ; mais pendant les sécheresses, les vagues marines forment un nouveau cordon littoral à l'embouchure des marécages, les eaux descendues de la montagne s'accumulent dans ces réservoirs et les transforment en bourbiers infects habitables seulement pour les crocodiles et d'autres reptiles hideux. C'était justement dans la saison des sécheresses que nous avions entrepris notre voyage. Le Pantano, tout fumant de miasmes, étendait au loin sa nappe d'eau limoneuse. Une ouverture ménagée entre les joncs nous indiquait l'endroit où passait le sentier, et malgré le dégoût que nous inspirait l'aspect de ce marais, il fallait bien essayer de traverser le liquide tiède et visqueux, dans lequel notre imagination se représentait d'innombrables reptiles. A mesure que nous avancions, le fond devenait plus vaseux, chacun de nos pas soulevait des bouffées d'odeurs pestilentielles qui nous saisissaient à la gorge, et bientôt nous nous trouvâmes plongés jusqu'aux épaules dans une lagune fétide, labourant de nos pieds la vase qui s'affaissait graduellement sous notre poids et pouvant à peine soulever nos vêtements au-dessus de la surface de l'eau. Devant nous, la lagune élargissait encore sa nappe dormante entre des massifs infranchissables de roseaux, sur lesquels de grands arbres sans feuilles projetaient de longues branches semblables à des bras de gibet; tout signe indiquant l'existence d'un sentier avait disparu, et nous ne pouvions plus faire un pas qu'en nous confiant au hasard. Heureusement notre âne, resté derrière nous et flairant l'espace avec épouvante, refusait d'avancer; il nous fallut donc rebrousser chemin et retourner jusqu'à la plage à travers le marécage.

Le propriétaire de la cabane du Pantano, vieillard aveugle et lépreux, ne pouvait nous montrer le chemin; mais en échange de notre baudet il consentit à nous prêter un bœuf qui avait déjà fait plusieurs fois le voyage de la Sierra, et qui pouvait être pour nous un excellent guide. En effet, arrivé au milieu du marécage, cet animal obliqua tout à coup à droite, passa entre deux haies de joncs où nous n'avions aperçu aucune issue et nous guida enfin sur une pointe de terre ferme bordée de chaque côté par une baie profonde.

On marche pendant une heure environ pour traverser la plaine marécageuse qui s'étend circulairement au pied de la Sierra. Un air plus frais et moins humide, le murmure des eaux courantes, le chant des oiseaux, la beauté luxuriante de la végétation, annoncent tout à coup le changement de zone. Au-dessus de nos têtes s'entre-croisaient les cimes panachées des palmiers rattachés l'un à l'autre par un système inextricable de lianes ; des pandanus jaillissaient comme des fusées de verdure du fouillis des branches et des feuilles ; d'innombrables orchidées s'attachant aux rameaux par mille griffes épanouissaient autour de nous leurs fleurs étranges ; quelques arbres tombés de vieillesse disparaissaient sous un réseau de feuilles et de fleurs, et bien des troncs encore debout étaient eux-mêmes cachés sous les feuilles du *matapalo* et du *copey*[1] aux terribles étreintes. Çà et là, des nids de l'oiseau *gonzalito*, suspendus comme des fruits, se balançaient à l'extrémité de ces cordages de verdure ; sur le sol humide, des fourmis en interminables processions, portant chacune son morceau de feuille verte, se rendaient à leurs cités souterraines. Un bruissement universel formé par le concert des cris, des chants, murmures ou souffles échappés aux myriades d'insectes et de larves qui vivent sous l'écorce, sur les feuilles, dans l'air et sous la pierre, remplissait l'espace. Certes, dans cette nature si libre et si pleine de vie, où le pas et la voix de l'homme semblent une profanation, il faut être bien orgueilleux pour oser se dire le roi des créatures.

Après avoir gravi les premières pentes, on arrive au rancho du Volador, ainsi nommé d'un arbre[2] qui

---

1. *Ficus dendrocida*, *clusia alba*, parasites qui entourent les arbres comme une nouvelle écorce, vivent de leur séve et les étouffent.
2. *Gyrocarpus americanus*.

étale ses vastes branches au-dessus du toit. Ce rancho a été bâti par les Indiens Aruaques pour abriter les malheureux voyageurs que la fatigue, l'orage ou la crue des rivières empêchent de continuer leur route; malheureux, ai-je dit, car il est à peine possible d'exister au Volador, grâce aux innombrables insectes et autres animaux que les Néo-Grenadins désignent sous le nom général de fléau (*plaga*).

Ce sont d'abord les moustiques de toute espèce dont les tourbillons joyeux dansent incessamment sous l'ombrage; ils s'abattent par centaines sur la moindre surface de la peau laissée à découvert et, pour s'en débarrasser, il faut se livrer sans relâche à une gymnastique désespérée et courir çà et là comme un forcené. Vers le soir, quand ces milliers de *mosquitos* se sont repus de sang humain, leurs essaims disparaissent par degrés, mais ils sont bientôt remplacés par des nuages de *sancudos*, énormes maringouins au dard long de près d'un centimètre, qui viennent à leur tour prendre part à la curée. Comment leur échapper pendant la nuit? Leur aiguillon atteint la chair à travers les vêtements, et qu'on se démène en fureur ou qu'on essaye vainement de se reposer, on n'en est pas moins couvert de buveurs de sang toujours inassouvis. Le matin, les *sancudos* disparaissent à leur tour, mais une autre légion de moustiques est prête comme un relais pour leur succéder, et à peine a-t-on pu respirer un instant que l'on est enveloppé d'un nouveau tourbillon d'ennemis. Il est aussi des maringouins qui ne se reposent jamais, entre autres le *jejen*, insecte imperceptible qu'on sent à peine sous le doigt qui l'écrase, et une espèce de moustique dont le dard agit comme une ventouse et laisse une petite tache de sang coagulé qui s'exfolie au bout de quelques semaines. Si l'on reste longtemps exposé aux attaques de ces insectes, la figure toute boursouflée de piqûres, prend bientôt un aspect hideux.

Ces terribles moustiques ne sont pas cependant le fléau le plus redoutable du Volador et des régions qui lui ressemblent. Les garrapatos y sont tellement nombreux qu'ils forment aux plantes comme une autre écorce, et si l'on tombe au milieu d'une de leurs tribus, on est immédiatement couvert de ces animalcules, qui se servent de leurs pattes aiguës comme de vrilles pour s'insinuer dans le corps : inutile de chercher à s'en débarrasser, ils se gorgent de sang avec lenteur, et ce n'est que deux ou trois jours après, quand ils se sont transformés en petites vésicules rouges, qu'ils se détachent d'eux-mêmes comme des fruits mûrs. Quant aux gros garrapatos nommés *barberos* (barbiers, chirurgiens) dans le langage énergique du pays, ils s'enfoncent jusqu'au vif des chairs, et on ne peut les extirper qu'avec la pointe d'un canif[1].

1. On racontait à M. A. Demersay que dans le Paraguay, de-

Pendant que le voyageur se débat en vain contre les moustiques et les garrapatos, un autre insecte s'introduit perfidement sous les ongles de ses pieds et s'y creuse une petite retraite : c'est la *nigua*[1]. Il est rare qu'on s'aperçoive d'abord de l'invasion de cet insecte, mais peu à peu on sent un petit chatouillement suivi bientôt d'une douleur cuisante. L'animal grossit rapidement dans l'intérieur du pied, et en quelques jours il atteint la grosseur d'un pois. Impossible de l'extirper soi-même ; il faut s'adresser à un habitant de la Sierra qui a l'habitude de ce genre d'extraction : il introduit délicatement une aiguille dans le pied, élargit lentement la blessure, et, par de légères pressions, parvient à faire rouler la nigua sur le sol ; si par accident il perce la tendre pellicule de cet insecte, les œufs se répandent aussitôt dans le trou qu'il s'est creusé, et toute une famille de niguas se développe au milieu des chairs saignantes. Dans certaines parties du Brésil où cet insecte est aussi commun que dans la Sierra-Nevada, ceux qui donnent l'hospitalité aux voyageurs s'agenouillent chaque soir devant eux et examinent leurs pieds pour en extraire les niguas qui auraient pu s'y introduire. Les Aruaques marchent toujours pieds nus ; aussi plusieurs d'entre eux n'ont-ils plus

puis leur apparition en 1836 jusqu'en l'année 1846, les garrapatos avaient fait périr deux cent mille chevaux et deux millions de bêtes à cornes.

1. *OEstrus humanus*, *pulex penetrans* ou *morsitans*.

ni ongles, ni doigts de pied : le tout a été dévoré par l'*œstrus humanus*.

Aux tortures causées par tous ces insectes qui se liguent contre les pauvres voyageurs réfugiés sous le rancho du Volador, il faut encore ajouter le danger d'être piqué ou mordu par des scorpions, des serpents, des araignées mygales, des scolopendres ou millepattes, animaux qui atteignent parfois jusqu'à un demi-pied de longueur. Les bêtes de somme sont plus spécialement harcelées par des vampires qui tournoient silencieusement au-dessus d'elles, s'abattent sur les plaies de leur dos et en sucent avidement le sang. Souvent une seule nuit passée au Volador suffit pour tuer un cheval ou un taureau.

Le ruisseau qui coule à côté de la cabane du Volador roule dans ses sables une grande quantité de paillettes d'or; mais toutes les tentatives qu'on a faites pour les recueillir ont été vaines : il a fallu s'enfuir devant les moustiques. Le vice-consul français de Rio-Hacha, qui a obtenu la concession des *placeres* du Volador, y avait fait transporter, deux années auparavant, une tente de gaze très-ingénieusement disposée. Pendant deux jours, il essaya de vivre sous cet abri pour surveiller le travail de ses ouvriers : ceux-ci étaient gantés et avaient la figure voilée; mais à la fin du deuxième jour, maître et ouvriers abandonnèrent d'un commun accord leur tâche, aussi fatigante que lucrative. Plus tard, un Italien avide, qui avait reçu du vice-consul la permission de laver les sables aurifères du Volador, ne put même travailler pendant deux jours entiers, et quitta la besogne après avoir recueilli la valeur d'environ dix piastres. Les seuls êtres humains qui pourraient impunément exploiter le ruisseau du Volador, parce qu'ils sont protégés par une carapace de lèpre, les habitants de Dibulla et des villages voisins, sont justement les seuls qui ne tiennent aucunement à l'accroissement de leurs richesses.

Nous n'avions par bonheur aucune raison de nous arrêter au rancho du Volador, et nous marchions d'autant plus rapidement que nous voulions atteindre le prochain campement avant l'orage qui éclate régulièrement tous les jours dans les vallées de la Sierra-Nevada entre deux heures et quatre heures de l'après-midi. Le sentier franchit d'abord la Cuchilla, arête granitique de dix-huit cents mètres de hauteur, puis traverse divers ruisseaux assez dangereux dans la saison pluvieuse, et contourne un bassin d'une exubérante fertilité où se trouvait, il y a trois siècles, le village indien de Bonga. Au delà coule le torrent de Santa-Clara, le plus large de cette région des Montagnes-Neigeuses. Quand notre petite caravane arriva sur le bord du cours d'eau, l'orage déjà commençait à gronder, et les feuilles des arbres frémissaient sous le vent impétueux qui précède toujours la pluie. Notre bœuf entra philosophiquement dans l'eau et roidit ses fortes jambes contre la violence du courant. La bonne idée de sauter sur son dos et de nous faire porter jusqu'à l'autre rive nous vint trop tard, et nous le suivîmes pas à pas en essayant d'insérer nos pieds entre les pierres et en opposant tout le poids de nos corps à la masse d'eau furieuse. Plus d'une fois roulés à travers les rochers, nous nous accrochâmes à grand'peine aux blocs couverts d'écume, et enfin nous atteignîmes l'autre rive, presque épuisés, et non sans avoir perdu une partie de notre bagage. Pour ma part, j'avais vu disparaître mes sandales, et j'étais obligé de continuer ma route pieds nus : mais cette perte me laissait indifférent, car j'avais réussi à sauver des eaux mon chien, qui avait failli être emporté par le courant.

Quelques minutes après, nous arrivions à la cabane de Cuesta Basilio. Mon camarade s'occupait de faire la cuisine, et je coupais les tiges de fougère qui devaient nous servir de couche, lorsqu'en me retournant je m'aperçus que mon chien n'était pas dans la cabane. Malgré l'orage qui venait d'éclater, je retournai sur mes pas, j'explorai en courant le sentier par lequel nous étions venus et que la pluie avait changé en ruisseau; dans les intervalles de silence laissés par le tonnerre, j'appelai le chien, mais il ne répondait pas, et je ne pus le découvrir sur le bord du torrent de Santa-Clara. Sans doute le pauvre animal, glacé de frayeur et d'effroi, n'avait pas eu la force de nous suivre. Quelques jours après, à mon retour des villages indiens, j'aperçus sous un tas de feuilles ses ossements blanchis. Le baudet que j'avais laissé chez l'aveugle du Pantano était également mort, tué par les araignées. Ainsi les trois animaux que nous avions emmenés de Rio-Hacha avaient misérablement succombé.

Il est inutile de décrire ici notre voyage du lendemain : ce furent des fatigues semblables à celles de la veille; mais les paysages devenaient de plus en plus grandioses à mesure que nous avancions dans le cœur de la Sierra, et la magnificence du spectacle me faisait oublier que je marchais pieds nus par des sentiers frayés dans le granit. C'étaient des massifs d'avocassiers dont les fruits, tombés par milliers sur le sol, formaient sous nos pas comme une boue odorante; puis c'étaient des fourrés de palmiers, de fougères arborescentes, des champs de bihaos et de cannes sauvages, des prairies bariolées de fleurs et se redressant en molles pentes vers les montagnes. De ces vastes clairières, on peut contempler les forêts dans toute leur beauté : on les voit prendre leur origine dans les gorges étroites, descendre en serpentant au fond des vallons, s'unir dans la vallée principale comme les torrents qui les arrosent, puis, après avoir formé un fleuve de verdure de plus en plus large, se perdre dans l'immense plaine couverte d'une vapeur bleuâtre.

Enfin nous atteignons le col de Caracasaca, en suivant un ancien chemin pavé en dalles de granit, reste de la civilisation disparue des Taïronas, nous traversons le torrent Chiruà sur un pont suspendu construit par les Aruaques, et nous arrivons à la terrasse pierreuse où s'élèvent les huttes du pueblo indien de San-Antonio et son église ruinée. Quelques minutes après, nous étions dans la cabane de Pain-au-Lait (*Pan-de-Leche*), le célèbre cacique ou caporal des Aruaques.

XIV

LE CAPORAL PAIN-AU-LAIT. — LES ARUAQUES.
LE MAMMA.

Pain-au-Lait, que j'avais eu déjà l'honneur de voir plusieurs fois à Rio-Hacha, était un petit homme à la peau d'un rouge noirâtre et aux traits sillonnés d'innombrables rides. A sa démarche aisée, à son regard tranquille, on reconnaissait l'homme riche et noble, fier de descendre d'une longue série d'aïeux et satisfait du sort qui lui avait accordé les richesses de ce bas monde. Il possédait en effet une dizaine de bœufs, deux mulets, plusieurs plantations de cannes à sucre, et, le premier de sa race, il s'était donné le luxe de manger de ces pains au lait auxquels il devait son nom burlesque. Seul parmi tous les Indiens, il pouvait se dispenser pour son commerce de l'intermédiaire des avides traitants espagnols, et lui-même, suivi de ses propres bœufs portant les produits de ses champs, allait échanger ses denrées à Dibulla, à Rio-Hacha ou dans les autres localités de la plaine. D'ordinaire il avait le même costume que ses compatriotes, le chapeau de paille et la tunique de coton bleu ; mais quand il descendait en pays espagnol, il tenait à honneur d'apparaître en culottes courtes et revêtu d'une petite jaquette de gros drap gris à boutons de cuivre ; on eût dit un paysan de notre belle France.

Avec le produit de son trafic, il s'était fait bâtir dans le pueblo de San-Antonio, et au milieu de ses diverses plantations, de nombreuses maisons dans chacune desquelles il avait installé une de ses femmes ; lui-même habitait une cabane construite au centre du bourg et de beaucoup plus vaste, sinon plus confortable que celles de ses sujets. C'est là qu'il rendait la justice ; toute discussion, tout procès étaient tranchés par lui, et il était tout à fait sans exemple que des Aruaques mécontents de ses décisions en eussent appelé au tribunal de Rio-Hacha. D'ailleurs, pour mériter l'estime de ses subordonnés, jamais il ne lui était arrivé de s'enivrer en leur présence ; quand il vidait une bouteille de chicha, il fermait la porte de sa cabane, et personne alors n'eût osé troubler ses méditations profondes. Pain-au-Lait n'avait eu qu'un malheur dans sa vie : pendant qu'il se baignait dans la rivière de Rio-Hacha, un crocodile lui avait d'un coup de dent enlevé la main droite; mais, en homme avisé, Pan-de-Leche avait su faire tourner ce malheur à sa plus grande gloire; il s'était aussitôt fait fabriquer une main en fer-blanc, que par courtoisie on était convenu de prendre pour de l'argent, et depuis il n'était jamais sorti sans attacher à cette main brillante une canne à pomme d'or qui se balançait majestueusement à son côté. Cette canne, célèbre dans toute la province de Rio-Hacha, était une main de justice, un sceptre royal, une verge de magicien, et les Aruaques n'osaient la regarder qu'en tremblant. Avait-elle une âme? était-elle un dieu? Pain-au-Lait aurait seul pu renseigner ses sujets à cet égard; mais il était muet sur cette canne mystérieuse qui faisait de lui un prophète et un roi.

Lorsque nous nous présentâmes devant Pain-au-Lait, le cacique se balançait dans son hamac; il se leva précipitamment afin de prendre une position plus majestueuse, et, s'asseyant sur un large tronc de *macana*[1] placé au milieu de sa cabane, il nous indiqua du doigt d'autres siéges plus petits à côté de la porte. Selon l'usage antique de tous ceux qui pénètrent dans la Sierra, traitants ou voyageurs, nous venions annoncer notre arrivée au chef, le

---

1. Fougère arborescente de l'espèce *alsophila*.

prier de nous accorder sa haute protection et lui demander l'hospitalité dans l'une de ses cabanes. Pain-au-Lait nous écoutait en fermant les yeux, et de temps en temps il poussait un petit gémissement comme un dormeur obsédé par un cauchemar. Soudain il se leva sans avoir fait la moindre réponse, et, attachant la célèbre canne à sa main de fer-blanc, il sortit de la cabane et disparut.

Nous nous interrogions du regard avec étonnement pour avoir l'explication de sa conduite, lorsqu'un Aruaque entra dans la hutte et nous annonça que désormais nous étions chez nous. Pain-au-Lait nous avait fait l'insigne honneur de nous céder sa propre cabane, et il était allé demeurer dans l'une de ses plantations. Immédiatement après son départ, un grand nombre d'Indiens, qui attendaient avec curiosité l'issue de notre entretien avec le cacique, se précipitèrent dans la hutte pour acheter nos marchandises. Bientôt des masses de bananes, d'avocats, de goyaves[1], de malangas[2], d'arracachas[3], s'amoncelaient en pyramides sur le sol; mais la plupart des Indiens, tout en achetant de la morue, des aiguilles et de la laine, parurent scandalisés de ne pas voir de jarres d'eau-de-vie parmi nos bagages. Ils n'avaient jamais eu affaire à des traitants de notre espèce.

1. *Psidium pomiferum.* — 2. *Maranta malanga.* — 3. *Conium arracacha.*

La cabane dont nous étions devenus les habitants, et qui probablement sert encore de palais au cacique des Aruaques, est de forme ronde et peut mesurer cinq mètres de porte à porte. Elle est bâtie de troncs de macanas plantés circulairement dans le sol et entrelacés de divers branchages. Au-dessus s'élève un énorme toit conique en foin, soutenu à l'intérieur par un système de poutrelles très-compliqué. Seule entre toutes les cabanes d'Indiens, celle-ci est munie de portes, mais elles ne sont point assujetties par des verrous, et le vent qui souffle les ouvre et les ferme tour à tour avec fracas. Une claie de cannes sauvages, couverte de foin, règne autour de la cabane à la hauteur d'un mètre environ : c'est la couche du cacique et de ses hôtes ; deux pierres noircies placées au milieu de la hutte, à côté du grand siége d'honneur de Pain-au-Lait, servent de foyer.

Les demeures des autres Aruaques sont beaucoup plus modestes que celle de leur cacique. Construites au hasard sur la terrasse de San-Antonio, elles ont exactement la forme de grandes ruches d'abeilles ; les parois se composent en général de cannes sauvages entrelacées, et les toits de foin descendent si bas que pour pénétrer dans l'intérieur il faut presque ramper.

Une seule cabane se distingue des autres par son style d'architecture, et de loin peut soutenir la comparaison avec les constructions de Rio-Hacha. Lors de mon passage, elle était habitée par deux dames espagnoles, la mère et la fille. Celle-ci, atteinte aux sources mêmes de la vie à la suite d'un chagrin d'amour et condamnée par les médecins, avait cherché un refuge parmi les Indiens, dans la salubre vallée de San-Antonio; ses frères, tous les deux menuisiers, l'avaient précédée afin de lui bâtir cette maison, et sa mère l'avait suivie pour la soigner et la disputer à la mort. Pendant cinq ans déjà, cette mère avait réussi à prolonger la vie de sa Conchita, jeune fille admirablement belle, que les Aruaques vénéraient comme la déesse de leurs montagnes. Pourtant elle sortait à peine de sa chambre de tristesse et n'apparaissait au seuil de la porte qu'à l'heure où le soleil plongeait derrière une arête de montagne à l'occident. Alors les rayons mourants enveloppaient sa taille frêle comme d'un réseau de lumière; un reflet de plaisir semblait glisser sur ses joues pâlies; on eût dit qu'elle retrouvait un moment de bonheur en contemplant le paysage mélancolique de la vallée, envahie déjà par les ombres du soir. Quelque temps après ma visite à la Sierra-Nevada, Conchita, croyant les blessures de son cœur complétement fermées, voulut, malgré les conseils de sa mère, revenir à Rio-Hacha et revoir ses amis. Le bonheur de se retrouver dans sa patrie l'enivra; elle fut pendant quelques jours d'une folle gaieté et sa santé d'autrefois lui revint dans toute sa force, puis elle pencha la tête comme une fleur qui se flétrit et s'endormit lentement dans la mort.

Le pueblo de San-Antonio est situé à deux mille mètres environ au-dessus du niveau de la mer, au pied d'une montagne flanquée du sommet à la base de plateaux étagés, comme les marches d'une gigantesque pyramide, et offrant à cause de cette disposition un avantage inappréciable aux agriculteurs qui voudront s'y établir. Au-dessous du village coule le rapide torrent de San-Antonio; la vallée, qui porte le même nom, se compose de bassins arrondis, séparés les uns des autres par d'étroits défilés: chacun de ces bassins, rempli d'une couche épaisse d'humus déposée par les eaux du lac qui le remplissait autrefois, est admirablement adapté à la formation d'un village, et n'attend que la hache et la charrue pour être transformé en champs de la plus incomparable fécondité. De même le Rio-Chiruà, qui se déverse dans le San-Antonio à une petite distance en aval du pueblo, parcourt de vastes prairies naturelles où les arbres s'élèvent par groupes assez nombreux pour fournir en abondance du bois aux futurs colons, mais assez clair-semés pour n'être pas un obstacle au défrichement. Partout les vallées et les montagnes offrent les terrains les plus favorables à la culture, excepté vers le nord, où le Cerro-Plateado ou Mont-Argenté dresse ses escarpements abrupts de schistes toujours humides et luisants comme le métal. Pour nous fixer dans quelque vallon de cette heureuse contrée, il ne nous restait que l'embarras du choix.

Le surlendemain de mon arrivée à San-Antonio, je m'acheminais seul vers San-Miguel, autre pueblo d'Indiens, situé à deux mille six cents mètres d'altitude environ, sur un plateau sans arbres et semé de débris. Moins riche et moins peuplé que San-Antonio, il a mieux conservé les traditions des anciens temps, et c'est dans le voisinage immédiat de San-Miguel, au milieu des blocs amoncelés de Cansamaria, qu'on célèbre encore les mystères sacrés. Au nord et au sud, deux ravines étroites et profondes, semblables aux fossés d'une citadelle, séparent le village des jardins et des pâturages du plateau; des deux autres côtés, une haie vive de plantes épineuses empêche le passage des porcs, des chiens, des poules ou d'autres animaux domestiques : le pueblo est lui-même un temple, et l'homme seul a le droit de s'y introduire. Les rues pavées sont propres comme la cour dallée d'un palais, et des parterres de fleurs entourent les cabanes: à première vue, on s'aperçoit que les traitants espagnols ne pénètrent que rarement dans cette enceinte sacrée et n'ont pas encore eu le temps de la profaner, comme ils ont fait à San-Antonio. Au centre du village s'élève une église qu'on pourrait presque appeler monumentale en la comparant à toutes les autres constructions de San-Miguel: il est vrai qu'on n'y dit jamais la messe, et que son utilité consiste uniquement à recevoir le scrutin à l'époque des élections.

Lorsque j'entrai dans le pueblo, il me sembla d'abord complétement désert; toutes les cabanes étaient vides; un silence de mort régnait autour de moi. Les Indiens, hommes et femmes, étaient sans doute occupés à leurs plantations de bananiers et de cannes, ou bien, comme ils en ont l'habitude à certaines époques, il s'étaient réunis dans quelque rancho de la montagne pour dévorer un bœuf. Fatigué comme je l'étais, je ne pouvais attendre le retour des Indiens pour réclamer l'hospitalité; j'entrai dans un jardin dont j'espérai plus tard pouvoir dédommager le propriétaire, je cueillis quelques bananes, puis j'allai m'installer confortablement dans une cabane où flambait encore un reste de feu.

Je sommeillais à demi depuis une ou deux heures, lorsque, peu d'instants avant le coucher du soleil, j'entendis tout à coup une voix retentir près d'une cabane voisine. Je me levai précipitamment pour me présenter aux nouveau venus, mais je m'arrêtai en voyant que j'allais interrompre une cérémonie religieuse. Six Aruaques étaient accroupis sur le pavé de la rue et gardaient le plus profond silence. Devant eux, un vieillard à la tête échevelée, à l'œil égaré, tendait ses bras vers les glaciers qu'illuminaient les rayons mourants du soleil ; puis il se frappait la poitrine, passait la main sur son front, se livrait à des contorsions diverses, grimaçait horriblement et prononçait des mots qui me semblaient sans suite. A mesure que les ombres remontaient la pente du glacier, ses gesticulations devenaient plus violentes, sa parole sortait plus rauque et saccadée ; mais lorsque la dernière flamme, scintillant au sommet du pic neigeux, se fut envolée dans l'espace, le vieillard se tut soudain ; sa figure se détendit, ses traits redevinrent humains, et, sans me jeter un regard, il rentra dans la cabane. En même temps, les six Aruaques accroupis rompaient le silence auquel ils s'étaient astreints pendant la cérémonie, et commençaient à parler avec une volubilité sans égale.

Plusieurs femmes, assises sur le sol à une distance respectueuse, semblaient n'avoir pris aucune part aux rites sacrés, sans doute parce que leurs nobles époux ne les en jugeaient pas dignes, et malgré les contorsions du *mamma*, elles avaient continué leurs travaux de ménage ou leurs soins de toilette. J'étais probablement le premier blanc qu'elles eussent jamais vu ; mais elles ne parurent pas un seul instant me remarquer, car, sous l'œil jaloux qui les surveille, elles n'ont pas le droit de manifester de curiosité, il faut qu'elles restent à l'état de machines. Méprisées en tout, elles n'ont pas même le privilége de demeurer sous le toit conjugal; elles vivent et dorment dans la cuisine, hutte étroite et basse où elles peuvent à peine se tenir debout. Jamais la femme ne s'enhardit jusqu'à dépasser le seuil de la case maritale; elle dépose à la porte la nourriture qu'elle vient de préparer et que le majestueux époux lui fait la grâce de vouloir bien accepter. La femme est l'esclave du mari, et toute jeune fille pauvre qui ne trouve pas de maître devient de droit la chose du riche le plus voisin. On voit que chez les Aruaques la question du paupérisme est résolue d'une manière sommaire, du moins en ce qui concerne la femme. Il faut bien avouer que chez d'autres nations plus civilisées, la solution du terrible problème est à peu près la même, en dépit des complications et des subtilités de l'économie politique.

J'entrai dans la cabane en même temps que les Aruaques. Le mamma, me regardant toujours avec méfiance, ne daigna pas même me saluer: il m'en voulait sans doute de l'avoir surpris dans l'exercice de ses fonctions religieuses. Heureusement j'avais sur moi une lettre d'introduction écrite par un caballero de Rio-Hacha à son frère de lait, Pedro Barliza, le seul métis de San-Miguel. Je dépliai la lettre, et je lus moi-même les phrases louangeuses qui célébraient mes qualités et mes vertus. Pedro Barliza était l'un des Aruaques présents: il s'empressa de me souhaiter la bienvenue et de m'offrir un hamac auprès du feu. Bien qu'il fût le seul Indien de la société qui comprît l'espagnol, ma lettre n'avait pas produit un moindre effet sur ses compagnons que sur lui : à leurs yeux, je possédais là un talisman souverain qui faisait de moi un être supérieur.

Je m'emparai du hamac pendant que les Indiens s'asseyaient ou s'agenouillaient près du feu. La flamme, balancée par le vent, luttait avec l'obscurité, qui avait déjà envahi la cabane, et les visages rouges des Indiens, tantôt cachés dans l'ombre, tantôt éclairés par la réverbération du foyer, apparaissaient et disparaissaient comme des esprits évoqués et conjurés tour à tour. Ils ouvraient et fermaient la bouche par un mouvement rhythmique, et savouraient voluptueusement le *hayo*[1].

Pour cette besogne, de beaucoup la plus importante de leur vie, tous les Aruaques tiennent dans la main gauche une petite calebasse renfermant de la chaux en poudre. Ils prennent d'abord dans une espèce de blague, semblable à celle de nos fumeurs, des feuilles de hayo, puis ils les mâchent pour en extraire le suc qu'ils laissent tomber de leur bouche sur le bord de la calebasse; ensuite ils saupoudrent de chaux ce liquide au moyen d'une petite baguette qu'ils promènent sans cesse sur le mélange afin d'opérer une combinaison plus intime entre les

---

1. *Erythroxylon coca*. C'est le *coca* des Péruviens, petit arbuste dont la feuille ressemble à celle de l'acacia ou de l'indigo.

deux substances. De temps en temps ils portent la baguette à la bouche et aspirent avec volupté la mixture corrosive. Les Indiens et les nègres du Pérou font également un grand usage du hayo, et prétendent pouvoir jeûner pendant une semaine et davantage, pourvu qu'on leur donne une provision suffisante de feuilles de cette plante. Le célèbre naturaliste Tschudi, dont le témoignage ne saurait être suspect, affirme avoir vu en mainte occasion des individus travailler pendant plusieurs jours consécutifs en se contentant de mâcher du hayo pour réparer leurs forces. Les Aruaques ne connaissent pas cette propriété merveilleuse de leur plante favorite, et lorsque j'en parlai à Pedro Barliza, il éclata d'un rire très-incrédule, partagé par tous ses compagnons.

La conversation, engagée d'abord au sujet du hayo, ne tomba pas de plusieurs heures, grâce à la curiosité de Barliza. Il m'accablait de questions faites en mauvais espagnol, et traduisait aussitôt mes réponses en langue aruaque; chacune semblait provoquer le plus vif étonnement : c'étaient des exclamations sans fin, des éclats de rire ahuris. Dans leurs conversations les plus ordinaires, les Aruaques ne peuvent finir une phrase sans pousser un ah! exprimant chez eux l'impuissance du langage et ce qu'on pourrait appeler l'emmaillottement de la pensée : on dirait que leur discours, aussi rapproché de la nature qu'il est possible, ne se compose que d'interjections. Après m'avoir écouté, ils semblaient émerveillés au delà de toute expression et ne faisaient plus entendre que des voyelles admiratives chantées sur tous les tons de la gamme. La stupéfaction fut au comble lorsque je fis flamber une allumette chimique : malgré leur titre d'électeurs et d'éligibles, malgré les rapports trop fréquents qu'ils ont avec les traitants espagnols, ils n'avaient pas encore vu cette merveille de l'industrie moderne.

Le grand prêtre seul m'écoutait avec un intérêt mêlé d'une certaine répugnance : comprenant sans doute que j'étais un plus savant mamma que lui, il plissait sa lèvre supérieure avec une affectation de dédain. Je continuai sans avoir l'air de m'apercevoir de la sourde opposition du magicien, et je fis un cours en règle à mes nouveaux amis. Je leur parlai de l'Espagne, qui leur avait autrefois porté la guerre et le baptême, mais qui leur avait aussi donné la canne à sucre, le café et tous leurs animaux domestiques ; ensuite je célébrai la puissance de l'Angleterre, dont ils voyaient quelquefois du haut de leurs montagnes les navires, semblables à de petits insectes patinant sur la surface des eaux ; je leur dis aussi quelques mots de ces terribles Yankees, qu'ils se représentaient comme d'effroyables démons n'ayant pas même une figure humaine.

Pour leur faire comprendre mes explications, j'essayai de leur dessiner sur le sol une petite carte à la lueur d'une torche allumée au foyer; ils se penchèrent les uns après les autres sur ces lignes bizarres, qu'ils eurent l'air de comprendre. Si l'on veut agir sur l'intelligence encore inculte de ces enfants de la nature, il faut nécessairement se servir d'un interprète qui puisse traduire nos idées complexes en idées infiniment plus simples et plus rudimentaires. Par l'entremise de Barliza, métis appartenant à la fois aux deux races, mes paroles présentaient un sens aux Aruaques; mais combien de fois plus tard ne tentai-je pas en vain de me faire comprendre par des Indiens de San-Antonio qui parlaient un peu l'espagnol! J'éprouvais même une grande difficulté à leur faire nommer un objet que je mettais sous leurs yeux : ils me regardaient pendant longtemps, répétaient plusieurs fois ma question, marmottaient quelques paroles inintelligibles, puis, avec une explosion de rire, me répondaient qu'ils ne comprenaient pas.

On affirme généralement que, toute proportion gardée, les montagnards sont plus grands, plus forts, plus intrépides que les habitants des plaines. Il n'en est pas ainsi dans l'État du Magdalena, ni même, à ce qu'il paraît, dans la Nouvelle-Grenade tout entière. Les Aruaques, tribu des montagnes, sont plus petits, plus faibles, moins intelligents que les Goajires, tribu de la plaine; ceux-ci sont resplendissants de beauté, ceux-là laids et souvent infirmes; ils sont pusillanimes et tremblent sous le regard d'un Espagnol, tandis que les Goajires sont inaccessibles à toute crainte, et par trois siècles de lutte ont su maintenir leur précieuse liberté. Les deux tribus diffèrent aussi complétement par la couleur : les Goajires ont la peau d'un rouge éclatant comme la brique ; les Aruaques sont presque noirs. Leurs femmes, toujours sales et fétides, sont vêtues d'une espèce de sarrau de toile qui gêne leurs mouvements et les force à marcher à petits pas ; elles portent leurs enfants sur les reins, dans un petit sac suspendu à leur front par une corde plate. Courbées péniblement afin d'équilibrer ce poids, avançant leurs mains pour tisser leurs muchilas, elles fournissent cependant en un jour des courses de dix et quinze lieues par les sentiers raboteux de la montagne : on dirait de gigantesques sarigues portant leur progéniture sur leur dos. Quelle différence entre ces malheureuses femmes et les belles Goajires, à l'œil fier, au sein nu, superbement drapées dans leurs manteaux et posant leurs enfants à califourchon sur leurs hanches! Aruaques et Goajires, que dans toute carte ethnologique on a classés jusqu'ici sous la même teinte, diffèrent autant les uns des autres que le Français diffère du Tatar. Du reste, ils s'abhorrent, et si les Aruaques descendent rarement dans la plaine, cela provient surtout de l'épouvante que leur inspirent les autres Peaux-Rouges.

De quelle région de la Côte-Ferme les Aruaques sont-ils originaires? Quelques-uns prétendent qu'ils habitaient autrefois la plaine des bords de l'Enea, et qu'ils s'enfuirent dans les montagnes à l'approche des Espagnols. L'historien Plaza, avec plus d'apparence de raison, les considère comme un reste de la puissante tribu des Taïronas, qui occupait toute la côte depuis le golfe d'Urabà jusqu'à l'embouchure du Rio-Hacha. Pocigüeira, leur place d'armes et leur principale forteresse, située non loin de l'endroit où s'élèvent aujourd'hui les huttes de San-Miguel, avait été bâtie pour la protection des mines d'or de Taïrona, qui avaient donné leur nom à la tribu. Les Aruaques, aujourd'hui si pauvres, avaient à cette époque de l'or en abondance, et leurs vases les plus grossiers étaient formés de cette matière. La tradition ajoute qu'ils connaissaient l'art de ramollir tous les métaux au moyen d'une herbe magique et de les pétrir comme les potiers pétrissent l'argile; bien des habitants de Rio-Hacha affirment avoir vu dans la Sierra des ornements d'or sur lesquels on reconnaît distinctement l'impression des doigts du fabricant. Vraies ou réelles, ces richesses des Aruaques exaltèrent l'avidité des Espagnols. En l'année 1527, le conquérant Palomino se noya dans la rivière qui porte son nom, en essayant de pénétrer dans la gorge de Pocigüeira. Trois ans plus tard, Lerma, le gouverneur de Sainte-Marthe, renouvela sans beaucoup de succès une tentative d'invasion. Enfin, en 1552, Ursua parvint à remonter les vallées de la Sierra jusqu'aux villages indiens. La plupart des Aruaques s'enfuirent, et, traversant les Andes et les llanos, allèrent s'établir sur les bords de l'Orénoque, où leurs descendants se trouvent encore. Quelques-uns cependant se réfugièrent au pied des glaciers et réussirent à cacher leur retraite aux conquérants espagnols, qui cherchèrent vainement l'Eldorado de Taïrona, et durent se retirer après avoir fait un butin insignifiant.

De nos jours, le nombre des Aruaques ne dépasse probablement pas un millier. En 1856, ils étaient un peu moins de cinq cents dans les deux pueblos les plus considérables de la Sierra, San-Antonio et San-Miguel. Taïrona n'est plus aujourd'hui qu'une montagne sacrée, un Olympe où siègent de mystérieuses divinités. C'est là que se trouvent, à côté l'un de l'autre, le paradis et l'enfer; c'est là que vont ressusciter tous ceux qui meurent, et l'homme qui serait assez téméraire pour approcher du redoutable mont périrait à l'instant même, et tiendrait compagnie à ceux dont il aurait profané la demeure. Souvent les morts de Taïrona éprouvent le besoin de revoir un de leurs parents, de leurs amis, ou quelque animal chéri qu'ils ont laissé sur la terre. Aussitôt flétris par le souffle invisible de la mort, les êtres qu'ils ont visités ne tardent pas à tomber malades et à mourir : c'est là ce qui explique les fièvres aiguës et les morts soudaines. Parfois on entend la montagne mugir : « C'est la voix des trésors qui parle ! » disent les Aruaques. Comme une peinture qui reparaît sous un badigeon grossier, l'ancien paganisme persiste chez les Aruaques en dépit des formes catholiques qui leur ont été imposées par les Espagnols. Ils pratiquent les deux religions, mais leur cœur est à celle qu'ils tiennent de leurs pères et suivent en secret. Entre eux, aucun marché n'est valable s'il n'a été ratifié par une incantation du mamma. Leurs noms chrétiens ne sont autre chose que des noms officiels, et quand ils ne craignent pas d'être entendus par un Espagnol, ils s'appellent par leurs noms mystiques.

Les Aruaques sont industrieux, et, malgré leur peu d'intelligence, ils savent une foule de choses que les Goajires, amoureux de leur liberté, ignorent complétement. Évidemment les éducateurs des Aruaques ont été le froid et la faim. Pour vivre dans ces hautes vallées de la Sierra, il ne suffit pas aux Indiens de parcourir les forêts et de ramasser les fruits qui tombent : il faut aussi qu'ils plantent et qu'ils sèment, qu'ils bâtissent des demeures et qu'ils se fassent des vêtements. Ils vendent aux traitants des cordes et des sacs qu'ils tissent avec la fibre de l'agave, et qu'ils savent teindre de diverses couleurs. Une écorce d'arbre appelée *naula* leur donne une inaltérable nuance lie de vin ; de même une graminée à fleurs jaunes leur fournit une belle couleur dorée qu'ils appliquent sur les tissus au moyen d'un agent qu'il faut bien nommer, puisqu'il joue chez les Aruaques un rôle industriel important. Cet agent, c'est la salive, avec laquelle ils préparent aussi leur eau-de-vie et leur fromage en mâchant soit des cannes à sucre, soit du lait, et en crachant à la ronde dans une énorme calebasse. On dit que la chicha fabriquée par ce procédé plonge dans une ivresse beaucoup plus redoutable que l'eau-de-vie ordinaire. Heureusement les Aruaques ne savent pas encore extraire de l'agave cette liqueur que les Mexicains appellent *pulque*. C'est bien assez, pour les corrompre et les tuer lentement, de leur terrible chicha et du rhum frelaté des traitants, sans qu'on leur enseigne encore un nouvel instrument de suicide.

Les traitants, blancs ou noirs, sont le fléau des Aruaques. Ils disent beaucoup de mal de ces pauvres Indiens, et cela par la simple raison que l'oppresseur calomnie toujours l'opprimé. Il est vrai, les Aruaques sont hypocrites comme tous les faibles; mais cette hypocrisie n'est point perfide, c'est l'hypocrisie de la sarigue, qui fait la morte dès qu'on la touche, de peur d'être torturée et mangée. Comment s'étonner si les Aruaques, toujours trompés et pillés, deviennent soupçonneux et craintifs, et si les plus hardis d'entre eux cherchent à se venger? Comment s'étonner encore si leur vengeance est celle de la ruse? Dans une lutte ouverte, ils auraient le dessous, il leur faut se cacher pour faire du tort à leurs puissants ennemis; néanmoins, quelle que soit leur haine, ils sont toujours esclaves de leurs dettes, et même, lorsque le traitant, qui leur a fait payer l'eau-de-vie huit ou dix fois sa valeur, vient à mourir, les Aruaques vont à la recherche des héritiers pour leur payer intégralement le sucre ou les cordes d'agave qu'ils se sont engagés à fournir. Les trafiquants le savent et avancent parfois aux Indiens jusqu'à cent ou deux cents piastres de leurs mauvaises marchandises. Jamais ceux-ci ne cessent d'être débiteurs, et le vice de l'ivrognerie, qu'on prend bien soin d'encourager chez eux, les empêche de sortir du gouffre.

Autrefois, pour les faire payer plus vite, on les menaçait de vendre leurs huttes et leurs cannes; mais, depuis 1848, la contrainte par corps et la saisie des immeubles pour non-payement de dettes ont été abolies. Par reconnaissance, par la force des traditions et par cet antagonisme naturel des races qui jette tous les Indiens dans le parti libéral et la plupart des blancs dans le parti conservateur, les Aruaques se sont rangés comme un seul homme sous le drapeau du progrès. Lors des élections, toutes les voix sont acquises au candidat avancé, excepté la voix de Pain-au-Lait, qui se croit obligé par ses richesses et son titre de caporal de se proclamer conservateur; mais son exemple n'entraîne personne, et l'on dit même qu'un jour de scrutin il fut chassé de l'église parce qu'il avait tenté de troubler le vote en brandissant sa canne à pomme d'or. C'est ainsi que les événements de 1848 ont eu leur contre-coup jusque dans les montagnes de la Sierra-Nevada, et bien des Indiens qui ignoraient même le nom de la France se passionnaient jusqu'à la frénésie pour des questions qu'elle avait soulevées. Rien ne prouve mieux combien les peuples sont solidaires les uns des autres; ils forment une chaîne électrique, et frémissent tous à la fois sous le même choc.

XV

LE NAUFRAGE. — LA MALADIE. — LA DÉBÂCLE.

Après ma visite à San-Miguel, j'avais employé une dizaine de jours à parcourir les forêts et les prairies de la Sierra-Nevada. Chacune des vallées que je visitai renferme des terrasses et des bassins admirablement propices pour la culture, échelonnés de zone en zone dans un espace de quelques lieues et pouvant produire toute la série des plantes cultivées, depuis la vanille aromatique, toujours baignée par une atmosphère moite et brûlante, jusqu'au lichen d'Islande, qui germe péniblement sur la terre froide au pied des rochers neigeux. De toutes ces vallées, chaudes, tempérées ou froides, celle qui me satisfit le plus complétement fut la vallée de San-Antonio :

nulle part le climat ne me sembla plus beau, la terre plus fertile; les moustiques y sont rares, les gros barberos presque inconnus; les serpents, assez communs, sont pour la plupart de petits boas inoffensifs : en outre, le village a l'immense avantage de communiquer avec la plaine par un sentier de mulets. Je me décidai en faveur d'une espèce de prairie d'une cinquantaine d'hectares, située à une demi-lieue de San-Antonio, sur le bord du torrent Chiruà et sur le revers de la montagne de Nanù. Dès que mon choix fut arrêté, je repartis avec Luisito pour faire à Rio-Hacha les modestes préparatifs de notre colonisation.

Notre voyage de retour fut semé de moins d'incidents que notre voyage d'exploration, mais il ne laissa pas d'être très-pénible, surtout pour moi, qui avais usé dans les courses de montagnes plusieurs paires de sandales grossièrement faites en cordes d'agave; mes pieds étaient déchirés et meurtris par les pierres. A la fin du second jour de marche, j'arrivai tout écloppé au village de Dibulla, et, me sentant incapable de continuer la route à pied, je louai un *cayuco* pour nous transporter à Rio-Hacha. Malheureusement, la mer étant très-houleuse, il ne nous fut possible de partir qu'après deux jours d'attente que je passai étendu sur le sol dans la cabane du batelier, pauvre lépreux dont je n'osai refuser l'hospitalité généreuse. Quand je fus enfin de retour à

Rio-Hacha, il me fallut plus d'un mois pour me reposer complétement de mes fatigues.

Nos préparatifs d'émigration terminés, il fut décidé que je partirais le premier avec Luisito et les deux jeunes mulâtres Mejia et Bernier, qui voulaient devenir membres de notre colonie; don Jaime Chastaing devait attendre encore quelques jours afin de surveiller l'embarquement des instruments d'agriculture et des outils nécessaires pour la construction de nos cabanes. Rendu sage par l'expérience, je choisis la route de mer; mais en dépit de mes précautions, ce second voyage devait être encore plus émaillé d'accidents et plus périlleux que le premier.

Dès que nous eûmes dépassé Punta Tapias, le vent, devenu plus fort, imprima une grande vélocité à notre barque informe, creusée dans le vaste tronc d'un fromager; malgré les efforts des bateliers qui tâchaient de maintenir le bongo perpendiculaire à la lame, le pauvre esquif était ballotté à droite et à gauche, et chaque vague le remplissait d'écume. Bientôt il arriva en face de Dibulla, où nous devions débarquer. Tenir plus longtemps la mer dans une embarcation pareille était insensé, il fallait nous diriger résolûment vers l'embouchure du Rio-Dibulla au risque de naufrager. « Que m'importe, disait le patron du bongo, homme horrible dont le visage n'était qu'une grande boursouflure noire rayée de jaune, que m'importe, pourvu que je me sauve ? » Plus nous approchions du bord, plus la mer devenait furieuse; chaque vague, chargée de sable, nous poursuivait en rugissant, s'écroulait comme un rocher au-dessus de nos têtes, remplissait à demi la barque d'eau salée, puis la laissait osciller comme étourdie sous le coup, jusqu'à ce qu'une autre lame, plus haute encore, vînt nous pousser devant elle. Enfin un choc plus violent que les autres renversa le bongo, et sans trop savoir ce qui nous arrivait, nous fûmes tous, dans le désordre le plus pittoresque, portés d'un jet puissant au milieu des sables de l'embouchure. C'est ainsi que, une fois sur quatre, on débarque dans le port de Dibulla. La mer y est toujours plus grosse qu'à Rio-Hacha, parce que la côte s'y recourbe directement en travers de la marche des vents alizés et reçoit en plein le choc des vagues; mais les ouragans proprement dits y sont aussi inconnus que dans les autres parages des mers grenadines.

Je devais engager les Aruaques qui pourraient se trouver à Dibulla à me louer leurs bœufs de transport; ces animaux, nés et élevés dans la Sierra, ont seuls le pied montagnard et sont en état de porter de lourds fardeaux à travers les torrents et les marais : les bêtes de somme habituées à ne suivre que les sentiers de la plaine résistent rarement à la fatigue de pareils voyages, et le plus souvent on est obligé de les laisser en route. Par une mauvaise chance à laquelle j'aurais pu m'attendre, pas un Aruaque ne se trouvait alors à Dibulla : il fallait donc, bien malgré moi, m'arrêter dans cet affreux village, environné de marais et de bayous à l'eau croupissante.

Vers le milieu du seizième siècle, Dibulla, que les Espagnols appelaient alors San-Sebastian de la Ramada, et qu'habitait une fraction de la tribu de Taïronas, était une ville riche et puissante. Lerma, le gouverneur de Sainte-Marthe, y leva, dit la tradition, une contribution de deux cent mille piastres ; aujourd'hui il ne reste rien à Dibulla qui rappelle les splendeurs et les richesses d'autrefois. Dans un espace assez étendu, circonscrit par le Rio-Dibulla, la mer, des marécages remplis de palétuviers et l'infranchissable massif de la forêt vierge, se trouvent plusieurs jardins, semblables à des amas de broussailles, et des cabanes éparses plus vastes et plus commodes, mais plus délabrées que les huttes des Aruaques. Plusieurs de ces maisons sont complétement disloquées. La première que je vis n'avait plus que deux murailles déjetées sur lesquelles reposaient encore, en guise de toit, quelques feuilles de palmier tordues par le vent, comme des restes de voiles sur un navire en détresse. La place des deux parois écroulées était marquée par des débris de plâtras qu'on ne s'était pas même donné la peine de déblayer. Toute une famille vivait dans cette ruine, qu'un coup de vent un peu plus violent que les autres aurait pu complétement jeter sur le sol; la femme vaquait à ses occupations ordinaires, les enfants jouaient à cache-cache entre les meubles, et le père de famille, majestueusement installé dans un vaste fauteuil, contemplait tour à tour la nature et son pot au feu.

Dans les rues, ou plutôt les sentiers de Dibulla, grouillent des enfants des deux sexes, le plus souvent complétement nus et remarquables par leur énorme ventre et le prodigieux développement de leur nombril. Presque tous les habitants du village, hommes ou femmes, sont atteints d'éléphantiasis, de lèpre, ou de telle autre affreuse maladie de la peau. On ne peut se faire une idée de l'aspect hideux de ces figures et de ces corps tachetés comme des peaux de salamandres. A peine ose-t-on regarder ces êtres soi-disant humains, qui d'ailleurs sont on ne peut plus satisfaits de leur personne et se mirent avec complaisance dans des lambeaux de miroirs. Les horribles maladies dont les Dibullères sont atteints ont sans doute pour cause l'absorption des miasmes paludéens, les piqûres des insectes, la mauvaise alimentation, les habitudes immondes, et peut-être aussi la dégénérescence des races, mélangées au hasard dans une véritable promiscuité. A ces hideuses maladies de peau, vient s'ajouter pour la plupart des patients, un gonflement de la rate et du foie très-visible à l'extérieur. Nombre d'entre eux contractent en outre la *jipatera* ou géophagie, et mangent avidement de la terre, du bois, de la cire ; ils font surtout leurs délices de débris d'ardoise. Le voyageur grenadin Ancizar, qui a observé cette maladie en d'autres parties de la Nouvelle-Grenade, rencontra un jour un pauvre Indien qui léchait une paroi de rocher humide et couverte de morceaux d'ardoise désagrégée. « Je n'ai pas de pain, lui dit le malheureux, mais l'ardoise mouillée est aussi bonne et m'en tient lieu ! »

Dès le troisième jour de résidence à Dibulla, j'étais saisi d'une terrible fièvre. Les commères de l'endroit s'assemblèrent en grand conseil autour de la natte sur laquelle j'étais étendu, et prononcèrent, chacune à son tour, leur avis sur mes chances de vie et de mort : l'opinion générale fut qu'on me porterait dans quelques jours au cimetière. C'était chose grave en effet que de tomber malade dans un village où les seuls médecins sont des lépreux et des mangeurs de terre, où l'on ne peut trouver ni quinine, ni remèdes autres que des simples appliquées au hasard, où la vermine et les animaux nuisibles de toute sorte peuvent librement entrer. Plus d'une fois des lézards pénétrant dans ma cabane par les fentes des parois, vinrent me rendre visite, et l'un d'eux, grand *lobo* de deux pieds de longueur, se nicha même sur ma poitrine pendant que je dormais d'un sommeil délirant. Un jour, on tua un serpent à sonnettes dans une lézarde de la muraille en boue qui séparait ma cabane de celle du voisin. Une autre fois, un jaguar dévora un âne dans l'enclos mal fermé attenant à ma hutte. De jeunes mariés, que la joie des noces rendait insensibles aux souffrances de l'étranger, furent assez impitoyables pour convoquer dans la hutte voisine des joueurs de flûte et de tambourin, et célébrer leurs danses nuptiales pendant toute une interminable nuit. C'étaient là des incidents peu agréables en eux-mêmes, mais ils me faisaient peut-être du bien en me rappelant au sentiment des choses extérieures, et lorsque mon associé don Jaime arriva de Rio-Hacha muni des drogues les plus indispensables, le plus fort de la crise était passé.

Mon visiteur le plus assidu était le *padre* Quintero, curé de Dibulla. Il se disait blanc et peut-être l'était-il d'origine; cependant il était aussi brun que les autres Dibullères, et par le costume il ne se distinguait pas davantage de ses paroissiens. Il avait été jadis curé des pueblos de la Sierra-Nevada ; mais, dominé par la funeste passion de l'eau-de-vie, il avait si bien su se déconsidérer qu'un jour un timide Aruaque avait osé lever la main sur lui et le frapper. Puis sa maîtresse, désireuse de revoir ses amis de la plaine, s'était enfuie à Dibulla : aussitôt il avait quitté sa cure et sa plantation pour se mettre à la poursuite de la belle fugitive, et, s'installant à Dibulla, il avait imposé, bon gré, mal gré, sa direction spirituelle aux habitants du village. Il est bon d'ajouter que le padre se faisait généralement pardonner sa conduite et ses vices par sa franchise, sa jovialité, son désintéressement; en outre, il avait pour moi l'inappréciable avantage de connaître la Sierra-Nevada mieux que personne au monde, et d'en avoir exploré les principales vallées.

Une des faiblesses du padre Quintero était de se croire très-savant, et rarement ouvrait-il la bouche sans introduire dans sa conversation quelques mots d'un prétendu latin qui contribuait plus que toute autre chose à lui conserver un peu d'influence. Lorsqu'il m'aborda pour la première fois, il me salua du titre de *dominus* et me récita un passage de son bréviaire; mais un sourire ironique lui donna sans doute à penser que je savais à quoi m'en tenir sur son talent de linguiste, car depuis il ne m'interpella plus en latin que dans ses moments d'oubli. Malgré les travers du padre, je dois avouer que sa compagnie et sa conversation me furent d'un précieux secours pendant mes longues matinées de souffrance; mais l'après-midi, lorsqu'il avait commencé ses libations, le pauvre homme devenait tout à fait insupportable : alors il tombait à mon cou, me faisait la confidence de ses chagrins domestiques, versait sur ma figure des larmes d'émotion, exigeait de moi la promesse solennelle de toujours haïr les barbares Espagnols et l'impitoyable général Moralès, qui avait fait fusiller son père. La nuit venue, mon voisin le padre devenait plus fatigant encore : il réunissait des compagnons d'ivresse, et sous le prétexte de rendre les devoirs de la courtoisie castillane au caballero étranger, il organisait à ma porte un chœur plus bruyant que musical.

De ces chansons diverses qui tant de fois interrompirent mon repos, il en est une dont les sons discordants retentissent encore à mon oreille. Comme la plupart des chansons populaires, elle se compose d'un thème d'amour ourdi avec un sujet tiré des occupations journalières. Tel en est à peu près le sens :

« Batelier, prends ton aviron! — Batelier, embrasse ta chérie! — Il faut partir! Rame sur la mer profonde! — Rame, rame loin de ta belle. — Quand les vagues bondiront autour de ta barque, — les amoureux danseront autour de ta maîtresse!

« Batelier, prends ton aviron! — Batelier, embrasse ta chérie! — Peut-être un rocher brisera ta barque! — Peut-être la perfide brisera ton cœur. — Ton espoir de richesse se perdra sous les flots, — tes illusions d'amour s'en iront en fumée.

« Batelier, prends ton aviron! — Batelier, embrasse ta chérie! — Peut-être aussi les vagues seront calmes; peut-être ce cœur de femme te sera-t-il fidèle. — Tu rapporteras de l'or dans ta barque, — tu retrouveras l'amour et des baisers! »

La première période de ma convalescence dura deux longs mois, pendant lesquels mon associé don Jaime maudit bien des fois sa triste destinée et se plaignit d'être le plus malheureux des hommes. Le fait est que le sort ne lui était pas favorable. Les Aruaques, effrayés par les menaces des traitants, qui craignaient en nous des concurrents ou peut-être des juges de leurs exactions infâmes, refusaient de louer à aucun prix leurs bêtes de somme; un seul se chargea d'emporter une caisse d'outils, mais en route il la força, enleva tout ce qui lui plut et laissa le reste sur le chemin. Il nous restait à tenter une dernière épreuve. J'expédiai Luisito vers Pain-au-Lait pour lui exposer notre triste situation, lui faire part de nos projets et le prier de nous louer ses bœufs et ses deux mulets. Quelques jours après, Pain-au-Lait arrivait lui-même avec sa caravane.

Le départ fut aussitôt organisé. Il fut convenu que don Jaime et moi nous partirions immédiatement sur les deux mulets du cacique, et que Luisito et ses deux compagnons nous suivraient avec les bêtes de somme. Le premier jour de notre voyage, de Dibulla à Cuesta Basilio, fut aussi heureux que possible; mais par une de ces séries de contre-temps qui ont donné lieu à tant de proverbes dans toutes les langues, le lendemain ne devait pas s'écouler sans qu'il nous arrivât un grave accident. Le mulet que je montais se cabra dans un endroit périlleux du chemin et refusa d'avancer; j'essayai vainement de l'exciter, il s'affaissa sur ses jambes de derrière, ses yeux s'égarèrent, il fut agité d'un tremblement nerveux : à n'en plus douter, il était atteint de la maladie le plus souvent mortelle connue sous le nom d'*esrengadura*.

Il fallait donc continuer ma route à pied, car don Jaime avait les jambes toutes gonflées par suite des piqûres d'insectes, et ne pouvait descendre de sa monture. Je présumai trop de mes forces et je marchai bravement pendant quelques heures; mais, épuisé par ma longue maladie, je ne pus résister à la fatigue. Je sentis peu à peu la vie m'abandonner; soudain tout devint noir autour de moi, et je tombai évanoui sur le sol.

Quand je me réveillai, un frisson continuel secouait mes membres. J'étais étendu au bord du sentier sur un lit de feuilles de fougère; don Jaime construisait au-dessus de mon corps un petit ajoupa de branches et le recouvrait de feuilles de bihao. Il offrit de me céder sa monture, mais je refusai, car à son âge il eût été d'une extrême imprudence de rester sur le sol exposé à l'orage, et d'ailleurs, malade comme je l'étais, il m'eût été probablement impossible d'arriver seul à San-Antonio; il valait beaucoup mieux, sous tous les rapports, qu'il partît lui-même aussi promptement que possible et me renvoyât son mulet ou telle autre monture par un guide aruaque. Il comprit, et bientôt après je le vis disparaître à un tournant du sentier.

Ma position était critique ; déjà le vent, précurseur de l'orage, commençait à siffler ; il éclata et secoua mon ajoupa comme une branche, les feuilles de bihao qui me garantissaient se déplacèrent ; l'eau descendant du ciel se fraya un passage à travers le toit rustique et m'inonda. Enfin la nuit vint, l'orage cessa, mais à l'orage avaient succédé des essaims de sancudos ; j'essayai vainement de trouver un instant de sommeil sur le sol humide, et la fièvre me tint constamment éveillé. Lorsque les premières lueurs du jour descendirent du sommet des montagnes, l'attente, ce sentiment d'ordinaire si pénible, obséda tout mon être. Chaque branche d'arbre grinçant sur une autre branche se changeait en cri d'appel ; les hurlements des singes aluates étaient pour moi des voix d'amis venant me délivrer ; le murmure du torrent bondissant sur le rocher me semblait le galop d'un cheval.

Tout à coup j'entendis des pas retentir sur le sentier pierreux et j'aperçus un Indien venant du côté de la plaine ; il parut très-agréablement surpris de voir un blanc dans ce piteux état, et, s'installant sur un rocher en face de mon ajoupa, il me contempla longuement avec un sourire de satisfaction. N'étais-je pas à son avis un de ces hommes exécrables qui venaient l'exploiter lui et ses frères, l'asservir de dettes, en faire l'esclave d'un travail continuel? Ce n'était que justice si les génies de Taïrona me punissaient par la maladie et la mort d'avoir aidé à la destruction de la pauvre tribu vaincue. Quand il eut suffisamment savouré sa vengeance, il s'éloigna en ricanant, et j'eus la lâcheté de le voir disparaître avec regret; il animait un peu ma solitude et me rendait l'attente plus facile. Heureusement que bientôt après arrivèrent Luisito et les deux mulâtres suivis des bœufs qui portaient nos instruments d'agriculture: c'étaient des amis, presque des sauveurs, que je saluais dans ces trois hommes qui venaient à mon aide, et celui qui resta près de moi pour me servir de garde-malade réussit par sa seule présence à calmer en grande partie ma fièvre.

L'orage de la journée avait déjà commencé depuis une heure, lorsque j'eus la joie d'entendre les cris d'un Aruaque descendant à dos de mulet du haut de la montagne. Dès qu'il fut arrivé, je me fis hisser en selle à sa place, et nous partîmes à travers la tempête. Le mulet escalada les rochers, franchit d'un pied sûr les torrents et les ruisseaux, se laissa glisser sur ses pattes ramassées du haut des talus argileux: j'étais saisi de ce vertige des rêves qui ne permet plus aucun mouvement; je n'avais pas même la force de faire un geste d'effroi à la vue des gouffres les plus épouvantables. Enfin, la nuit s'épaissit autour de moi, et vers dix heures du soir j'arrivai à San-Antonio, où je trouvai enfin une boisson fortifiante, une couche et un abri.

J'avais donc atteint, et non sans peine, le terme de mon voyage, et je pouvais croire que l'œuvre de la colonisation était sérieusement commencée. Mille vaines illusions, évoquées en partie par la fièvre, flottaient devant mon esprit : déjà je voyais les pentes des montagnes couvertes de champs de café et de bosquets d'orangers ; les Aruaques, heureux et libres, fondaient des communautés florissantes ; des écoles s'ouvraient pour les enfants des Indiens ; des colonies d'Européens défrichaient les forêts vierges ; des routes étaient frayées dans toutes les directions ; que sais-je ? un service régulier de paquebots desservait le port de Dibulla. Certainement toutes ces choses se réaliseront un jour ; mais je ne devais y être pour rien, et toutes mes espérances personnelles étaient condamnées à s'évanouir misérablement. Peu de lignes suffiront pour raconter le dénoûment de l'entreprise.

Dans les premiers jours tout alla convenablement. J'étais malade, il est vrai, et je ne pouvais que rarement faire un pas hors de ma cabane ; mais don Jaime avait commencé les travaux avec une furie plus que juvénile, et en deux endroits différents : à San-Antonio même, dans un jardin presque abandonné que nous avions acheté, puis à Chiruà, dans les terrains choisis lors de mon premier voyage. On défrichait, on plantait des bananiers, des caféiers, des cannes à sucre, des légumes de toute sorte ; on roulait des blocs de granit sur une petite terrasse où devait s'édifier notre maison de ville ; on abattait des macanas pour la maison de campagne, on élevait en plusieurs endroits les barrières et les haies de cactus nécessaires pour empêcher l'irruption des animaux ; on mettait le feu aux herbes de la prairie : tout se faisait à la fois. J'étais vraiment effrayé d'une telle fougue ; mais j'étais trop heureux de cette activité inattendue pour oser reprocher à don Jaime toutes ces entreprises menées de front.

Un mois complet ne s'était pas écoulé que déjà le travail s'était singulièrement ralenti. Tout commençait à déplaire à don Jaime, la terre, l'air, les eaux, les Indiens, l'agriculture. Sous prétexte de chercher une plantation plus fertile et mieux arrosée, il interrompit le défrichement de la prairie du Chiruà, et alla faire choix d'autres terrains à une demi-lieue plus loin du village. Il ne tarda pas à se brouiller avec le jeune Mejia, notre meilleur ouvrier associé, et sans le renvoyer précisément, car c'était moi qui l'avais engagé à nous suivre, il réussit à le faire partir à force de vexations et de taquineries. Chose bien plus grave encore, il se rendit les Aruaques hostiles, ce qui nous exposait à mourir de faim, car en attendant la fructification de nos bananiers et des autres plantes alimentaires, nous étions obligés d'acheter notre nourriture aux Indiens; sans la protection de Pain-au-Lait, personne ne serait plus venu s'approvisionner de laines ou d'autres marchandises dans notre cabane, et la famine nous eût immédiatement forcés de redescendre à Dibulla. Le désespoir s'empara de don Jaime; il déplorait son lamentable destin, il maudissait ses cheveux blancs, il regrettait les douces soirées de causerie passées à Rio-Hacha devant la porte de l'ingénieur Rameau; enfin il m'annonça que l'association était rompue, et fit ses préparatifs de retour.

« Que pouvais-je faire moi-même dans ce désastre de mes projets de colonisation? Si j'avais été bien portant, j'aurais pu continuer seul l'entreprise en modifiant mes plans, mais trois mois après mon arrivée dans la Sierra j'étais encore aussi malade que le premier jour; je ne pouvais faire une centaine de pas ou toucher une goutte d'eau froide sans être saisi par la fièvre et le délire. Les pluies continuelles de la saison faisaient fermenter le toit de foin sous lequel je reposais et corrompaient l'atmosphère qui m'entourait; je luttais contre la mort et sans la certitude de la vaincre; seul, je devais nécessairement succomber. Il fallait partir. Avec une tristesse profonde, je quittai ces pauvres Indiens, encore aussi barbares que le jour où je les avais vus pour la première fois; bientôt après, je perdis de vue ma cabane et son jardin, la vaste prairie de Chiruà; puis je vis disparaître la vallée de San-Antonio derrière un contre-fort de la montagne, et, gravissant à cheval le sentier rocailleux de Caracasaca, je cessai d'entendre le torrent dont la voix avait si souvent répondu à mes rêves d'avenir. Quelques mois après, j'étais en Europe; en rentrant dans ma vraie patrie, il me semblait toucher la terre d'exil.

XVI

ÉPILOGUE.

Il est impossible de le nier : les premiers Européens qui s'établiront dans la Sierra-Nevada auront bien des dangers à courir et bien des fatigues à surmonter avant de réussir définitivement. Ils auront à souffrir des fièvres paludéennes ; les crues des rivières, les marécages impraticables empêcheront souvent le transport de leurs denrées ; l'inimitié des traitants avides leur suscitera de grandes difficultés ; ils seront pendant quelque temps sevrés de toute société autre que celle des Aruaques. Néanmoins ces obstacles, qui d'ailleurs diminueront graduellement avec les progrès de la colonisation, seront en quelque sorte un avantage pour des hommes sans peur ; ils les forceront à lutter avec plus d'énergie, et leur rendront la victoire d'autant plus chère. L'agriculteur s'attache peu à la nature et se l'approprie sans ardeur, lorsqu'elle se prête trop facilement à ses désirs. Les fortes et heureuses races ne se développent jamais que par la lutte, ainsi que l'exprime la fable antique du jardin des Hespérides, gardé par les dragons. Les sacrifices ne sont rien, l'important est de savoir si le but les exige. « C'est une gloire, disait l'agronome Sinclair, d'avoir fait croître deux brins d'herbe là où il n'en croissait qu'un seul. » Combien plus glorieux est-il de porter la culture là où elle n'existe pas encore, de retourner le premier sillon de campagnes qui nourriront un jour des habitants sans nombre ! Par son travail, on crée vraiment un peuple ; comme Deucalion, on change les pierres en hommes, et dans la terre qu'on remue on fait germer les générations futures. C'est là, ce me semble, une gloire qu'on peut bien acheter au prix de quelques souffrances et de quelques ennuis passagers.

Les plateaux et les régions montagneuses de la Nouvelle-Grenade possèdent par millions d'hectares des terrains favorables à la culture et faciles à coloniser ; mais en dépit de l'échec que j'ai subi, je crois que la Sierra-Nevada de Sainte-Marthe est un des pays de l'Amérique espagnole qui offrent le plus d'avantages à une immigration latine entreprise sur une grande échelle. En effet, ce massif, complètement séparé des Andes et du reste de la Nouvelle-Grenade par des vallées profondes, par des lagunes et des marécages, semble fait pour contenir une population distincte, trouvant autour d'elle tous les éléments de la plus florissante prospérité : salubrité du climat, fertilité du sol, facilités du commerce. Grande comme le quart de la Suisse, la Sierra-Nevada pourrait facilement nourrir le même nombre d'habitants que cette république.

Le prix des terres est nul sur les pentes de la Sierra tournées vers Rio-Hacha et la vallée du Rio-Cesar. La valeur nominale de l'hectare de terrain vendu par le gouvernement est de soixante-quinze centimes; mais tout chef de famille grenadin ou étranger n'a qu'à demander la concession de quarante hectares de terres en friche pour l'obtenir aussitôt, si toutefois il s'engage à y exécuter un travail quelconque dans l'espace de deux années. Le plus souvent les colons se dispensent même de cette formalité, et s'établissent où ils le désirent sans demander de concession et sans prendre d'engagements, ils deviennent propriétaires par le droit de premier occupant. Cette facilité d'obtenir sans travail de vastes concessions pourrait avoir de très-funestes résultats, en immobilisant pour de longues années des terrains favorables à la culture; mais dans la plupart des vallées de la Sierra-Nevada, ce danger est beaucoup moins à craindre que dans une plaine, parce que le sol cultivable se compose de bassins fermés, de petites terrasses, de plateaux limités, formant autant de domaines distincts dont chacun suffit amplement à une famille.

La flore de la Sierra-Nevada est d'une extrême richesse, et peut-être ne trouverait-on dans le monde entier que certaines parties de l'Inde et du Brésil où les plantes offrent une aussi grande variété. Les végétaux utiles se comptent par centaines. On y trouve entre autres le *myroxylon* ou palmier à cire, le merveilleux arbre à lait ou *galactodendron*, des multitudes de plantes tinctoriales, les herbes médicinales de l'ancien et du nouveau monde, la camomille et la salsepareille, la bourrache et l'ipécacuanha, la chicorée et le baume de Tolù. On ne songe point à chercher ces plantes à vertus curatives dans la Sierra-Nevada, et l'on remonte le cours du fleuve des Amazones, on traverse les montagnes et les solitudes de la province de Matogrosso, pour aller recueillir la salsepareille et l'ipécacuanha! Par suite de la difficulté des voyages, ces remèdes valent dans les pharmacies d'Europe de deux à quatre mille pour cent de plus qu'au lieu de production.

Si nous en croyons le témoignage du savant botaniste Mutis, la Sierra-Nevada possède trois espèces de *cinchonias*. Depuis la fin du siècle dernier, époque à laquelle cet arbre précieux fut découvert près de San-Antonio, les troubles politiques ont laissé retomber dans l'oubli la connaissance de ce fait important. Peut-être les arbres sont-ils peu nombreux; mais il est facile d'en faire des plantations et surtout de suivre un autre système que celui des Péruviens, qui abattent l'arbre pour le dépouiller de son écorce. On peut commencer à décortiquer partiellement les *cinchonias* dès qu'ils ont atteint l'âge de cinq ans; en ayant soin de ne les dépouiller jamais que d'un côté, on peut les conserver aussi longtemps en vie que les arbres intacts.

Les plantes cultivées par les Aruaques sont en bien petit nombre; ce sont la canne à sucre, le bananier, le hayo, la *turma* ou pomme de terre, l'arracacha, la malanga, la patate, les ciboules, l'agave, l'oranger et le citronnier. Chaque Indien a une petite bananerie, le plus souvent cachée dans le creux d'une gorge ou sous un rocher, et là il sème ou plante tout ce que réclame l'entretien de sa famille pendant une année. Quand on voit les petites dimensions de ces jardins, on se demande avec stupéfaction comment le sol peut être assez fertile pour que plusieurs personnes puissent y trouver leur subsistance et acheter en outre de la chicha frelatée.

Le café, dont la culture s'est généralisée si rapidement dans la Nouvelle-Grenade, est une plante encore presque étrangère à la partie orientale de la Sierra-Nevada. Lors de mon séjour dans la vallée de San-Antonio, il ne nous fut pas possible de recueillir plus de trois cents pieds de café pour notre plantation. Cependant si les affirmations des habitants de la Sierra méritent quelque créance, le rendement du café tiendrait presque du merveilleux. Souvent les arbustes donnent deux récoltes par an, et l'on prétend avoir récolté jusqu'à douze kilogrammes de baies sur un seul pied. Quoi qu'il en soit, ce n'est pas sur des faits exceptionnels qu'il faut régler ses calculs en pareille circonstance, car j'ai vu telle plantation des Andes où des caféiers isolés donnaient près de cinq kilogrammes de cerises, tandis que le rendement moyen de douze mille pieds était seulement d'un demi-kilogramme. En supposant que le produit des plantations de café dans la Sierra-Nevada fût à peu près le même, les bénéfices réalisés seraient encore très-considérables, malgré la difficulté des transports. Les planteurs de cacaotiers, de vanille et d'autres plantes industrielles dont les produits exportés ont beaucoup de valeur et peu de poids, peuvent également compter sur des résultats très-favorables.

On est étonné, en parcourant les vallées de la Sierra, de voir l'altitude considérable à laquelle on peut encore cultiver les plantes tropicales ; elles croissent parfaitement à des hauteurs qui correspondent aux climats de la France et de l'Angleterre : c'est ainsi qu'à Cocui, dans l'État de Santander, le bananier et la canne à sucre donnent d'excellents produits à deux mille sept cent cinquante-sept mètres de hauteur. Ce fait, qui n'a peut-être pas été mis suffisamment en lumière par les géographes, prouve qu'il n'y a pas seulement superposition, mais aussi pénétration réciproque des climats étagés sur les flancs des montagnes de la zone équatoriale. Un simple coup de vent suffit pour porter les ardeurs de l'été jusqu'au pied des neiges ou pour faire descendre le souffle des glaciers sur les vallées brûlantes étendues à la base des monts. De là, suivant les expositions et les abris, une grande diversité de climats partiels et une variété merveilleuse de plantes de toute espèce. Par sa position transversale à la direction des vents alizés, la Sierra-Nevada reçoit mieux que les autres chaînes l'haleine des chaleurs tropicales; en outre, elle exprime sans relâche comme un gigantesque laboratoire l'humidité que lui apportent les vents, et ses vallées, à l'exception de celles du versant méridional, n'ont jamais à souffrir des sécheresses.

Rien ne manque donc à la Sierra-Nevada, si ce n'est une grande population: Européens, Chinois ou créoles. Maintenant ces montagnes sont tristes malgré leur beauté. Quand un voyageur se trouve seul dans une vallée au milieu d'un vaste cirque de pâturages et de forêts, et qu'il ne voit dans l'immense espace qu'un vautour, solitaire comme lui, décrivant de grands cercles au-dessus de sa tête, il se sent le cœur serré d'une véritable angoisse. Certainement la nature vierge est belle, mais elle est d'une tristesse infinie : ce qu'il lui faut pour la rendre joyeuse, c'est la fécondité, c'est la parure de champs et de villages que lui donneront les travailleurs.

Et ce n'est point seulement la Sierra-Nevada qui demande des bras à l'Europe et au reste du monde ; toute la Nouvelle-Grenade réclame aussi des colons. Est-il donc nécessaire de plaider pour un pays si beau, si admirablement pourvu de toutes les richesses de la terre ? Jadis bien des milliers d'Espagnols ont bravé la mort pour aller conquérir ce monde, que Colomb leur avait fait surgir du sein des mers comme une autre planète accouplée à la nôtre ; maintenant on semble plus indifférent pour la Nouvelle-Grenade qu'on ne l'était il y a trois siècles. Pourtant cet Eldorado n'est pas seulement le pays de l'or, c'est aussi le pays du bonheur pour ceux qui savent apprécier la liberté. Dans notre vieille Europe, les traditions vivaces des temps barbares et du moyen âge règnent encore, et du fond de leurs tombeaux, les morts gouvernent les vivants. En outre, la surabondance de population obstrue à tout nouvel arrivant les avenues du bien-être ; trop à l'étroit sur notre petit continent, nous ne pouvons faire un pas sans empiéter sur la propriété d'autrui, et, par la force même des choses, nous achetons le bonheur aux dépens du prochain. Murailles, barrières, règlements, enceintes, restrictions, tout nous enferme comme les replis du fleuve infernal; même ceux qui se croient libres habitent une étroite prison dans laquelle ils peuvent à peine se mouvoir, où leur pensée s'étiole avant d'avoir fleuri. Là-bas, dans la jeune république américaine, il n'y a pas de convives malheureux au grand banquet; la terre féconde nourrit généreusement tous ses enfants, l'air de la liberté emplit toutes les poitrines. Peut-être, au milieu de cette jeune nature, les hommes rajeuniront-ils aussi; peut-être les cycles de l'histoire ne suivront-ils pas toujours, comme des animaux à la chaîne, leur cercle accoutumé!

TABLE DES MATIÈRES.

Préface	Page	I
I.	Aspinwall. — Le chemin de fer de Panama	1
II.	*Le Narcisse*. — Porto-Bello. — Les Indiens de San-Blas. — Le golfe d'Urabà	17
III.	Carthagène des Indes. — La Popa. — La fête	39
IV.	Le capitaine de papier. — Savanilla. — Le bongo. — Barranquilla	53
V.	Les caños. — La Cienega. — Gaïra	71
VI.	Sainte-Marthe	93
VII.	Les environs de Sainte-Marthe. — La Horqueta. — La sucrerie de Zamba. — Le médecin sorcier	115
VIII.	San-Pedro. — Minca. — Le planteur philosophe. — Les courriers	137
IX.	Le cercle français. — La colonie d'étrangers	153
X.	Rio-Hacha	169
XI.	Les Indiens Goajires	191
XII.	Le médecin chasseur. — La Cuesta de San Pablo. — La Rancheria. — La Sierra-Negra	211
XIII.	La caravane. — Le passage de l'Enea. — Le Pantano. — Les sept plaies du Volador	233
XIV.	Le caporal Pain-au-Lait. — Les Aruaques. — Le mamma. — Le hayo	257
XV.	Le naufrage. — La maladie. — La débâcle	279
XVI.	Épilogue	297

FIN DE LA TABLE.

PARIS. — IMPRIMERIE DE CH. LAHURE ET Cie
Rues de Fleurus, 9, et de l'Ouest, 21

Librairie de **L. Hachette et C**ie, rue Pierre-Sarrazin, **14**, à **Paris**.

BIBLIOTHÈQUE
DES CHEMINS DE FER.
FORMATS GRAND IN-16 OU IN-18 JÉSUS.

About (Edm.) : *Germaine.* 1 vol. 2 fr.
— *Le roi des montagnes.* 1 vol. 2 fr.
— *Les mariages de Paris.* 1 vol. 2 fr.
— *Maître Pierre.* 1 vol. 2 fr.
— *Tolla.* 1 vol. 2 fr.
— *Trente et quarante.* 1 vol. 2 fr.
— *Voyage à travers l'Exposition universelle des Beaux-Arts.* 1 vol. 2 fr.
Achard (Am.) : *La famille Guillemot.* 1 vol. 2 fr.
— *La Sabotière.* 1 vol. 1 fr.
— *Le Clos-Pommier.* 1 vol. 1 fr.
— *Les vocations.* 1 vol. 2 fr.
— *L'ombre de Ludovic.* 1 vol. 1 fr.
— *Madame Rose; — Pierre de Villerglé.* 1 vol. 1 fr.
— *Maurice de Treuil.* 1 vol. 2 fr.
Andersen : *Le livre d'images sans images.* 1 vol. 1 fr.
Anonymes : *Aladdin ou la Lampe merveilleuse.* 1 vol. 50 c.
— *Anecdotes du règne de Louis XVI.* 1 vol. 1 fr.
— *Anecdotes du temps de la Terreur.* 1 vol. 1 fr.
— *Anecdotes historiques et littéraires, racontées par Brantôme, L'Estoile, Tallemant des Réaux, Saint-Simon, Grimm, etc.* 1 vol. 1 fr.
— *Assassinat du maréchal d'Ancre* (relation attribuée au garde des sceaux Marillac), avec un Appendice extrait des mémoires de Richelieu. 1 v. 50 c.
— *Djouder le Pêcheur*, conte traduit de l'arabe par MM. Cherbonneau et Thierry. 1 vol. 50 c.
— *La conjuration de Cinq-Mars*, récit extrait de Montglat, Fontrailles, Tallemant des Réaux, Mme de Motteville, etc. 1 vol. 50 c.
— *La jacquerie*, précédée des insurrections des Bagaudes et des Pastoureaux, d'après Mathieu Paris, Froissart, etc. 1 vol. 50 c.
— *La mine d'ivoire*, voyage dans les glaces de la mer du Nord, traduit de l'anglais. 50 c.
— *La vie et la mort de Socrate*, récit extrait de Xénophon et de Platon. 1 v. 50 c.
— *Le mariage de mon grand-père et le testament du juif*, traduits de l'anglais par A. Pichot. 1 vol. 1 fr.
— *Les émigrés français dans la Louisiane.* 1 vol. 1 fr.
— *Le véritable Sancho-Pansa ou Choix de proverbes, dictons, etc.* 1 vol. 1 fr.
— *Pitcairn, ou la nouvelle île fortunée.* 1 vol. 50 c.
Araquy (E. d') : *Galienne.* 1 vol. 1 fr.
Arnould (Arthur) : *Les trois poëtes.* 1 vol. 1 fr.
Assollant : *Brancas; — Les Amours de Quaterquem.* 1 vol. 2 fr.
— *La mort de Roland.* 1 vol. 2 fr.
— *Scènes de la vie des États-Unis.* 1 vol. 2 fr.
— *Deux amis en 1792.* 1 vol. 2 fr.
Auerbach : *Contes*, traduits de l'allemand par M. Boutteville. 1 vol. 1 fr.
Auger (Ed.) : *Voyage en Californie en 1852 et 1853.* 1 vol. 1 fr.
Aunet (Mme Léonie d') : *Étiennette; — Sylvère; — Le secret.* 1 vol. 1 fr.
— *Une vengeance.* 1 vol. 2 fr.
— *Un mariage en province.* 1 vol. 1 fr.
— *Voyage d'une femme au Spitzberg.* 1 vol. 2 fr.
Barbara (Charles) : *L'assassinat du Pont-Rouge.* 1 vol. 2 fr.
— *Les orages de la vie.* 1 vol. 2 fr.
— *Mes petites maisons.* 1 vol. 2 fr.
Bast (Amédée de) : *Les Fresques*, contes et anecdotes. 1 vol. 1 fr.
Belot (Ad.) : *Marthe; — Un cas de conscience.* 1 vol. 1 fr.
Bernardin de Saint-Pierre : *Paul et Virginie.* 1 vol. 1 fr.
Bersot : *Mesmer, ou le Magnétisme animal*, avec un chapitre sur les tables tournantes. 1 vol. 1 fr.
Bombonnel (Ch.) : *Le tueur de panthères.* 1 vol. 2 fr.
Brainne (Ch.) : *La Nouvelle-Calédonie, voyages, missions, colonisation.* 1 vol. 1 fr.
Bréhat (Alfred de) : *Les Filles du Boër.* 1 vol. 2 fr.
— *René de Gavery.* 1 vol. 2 fr.

Brueys et **Palaprat**: *L'avocat Patelin.* 1 vol. 50 c.
Camus (évêque de Belley): *Palombe, ou la femme honorable*, précédée d'une étude sur Camus et le roman au XVIIe siècle, par *H. Rigault.* 1 vol. 50 c.
Caro (E.): *Saint Dominique et les Dominicains.* 1 vol. 1 fr.
Castellane (comte de): *Nouvelles et récits.* 1 vol. 1 fr.
Cervantès: *Costanza*, traduit par L. Viardot. 1 vol. 50 c.
Chapus (E.): *Le turf, ou les Courses de chevaux en France et en Angleterre.* 1 vol. 1 fr.
Chateaubriand (vicomte de): *Atala, René, les Natchez.* 1 vol. 2 fr.
— *Le génie du christianisme.* 1 v. 2 fr.
— *Les martyrs et le dernier des Abencérages.* 1 vol. 2 fr.
Claveau: *Nouvelles contemporaines.* 1 vol. 1 fr.
Cochut (A.): *Law, son système et son époque.* 1 vol. 2 fr.
Colet (Mme): *Promenade en Hollande.* 1 vol. 2 fr.
Corne (H.): *Le cardinal Mazarin.* 1 volume. 1 fr.
— *Le cardinal de Richelieu.* 1 vol. 1 fr.
Delessert (B.): *Le guide du bonheur.* 1 vol. 1 fr.
Demogeot (J.): *Les lettres et l'homme de lettres au XIXe siècle.* 1 vol. 1 fr.
— *La critique et les critiques en France au XIXe siècle.* 1 vol. 1 fr.
Des Essarts: *François de Médicis.* 1 vol. 2 fr.
Desplaces (Ernest): *Le canal de Suez.* 1 vol. 1 fr.
Didier (Ch.): *50 jours au Sinaï.* 1 vol. 2 fr.
— *500 lieues sur le Nil.* 1 vol. 2 fr.
— *Séjour chez le grand-chérif de la Mekke.* 1 vol. 2 fr.
Du Bois (Ch.): *Nouvelles d'atelier.* 1 vol. 2 fr.
Énault (L.): *Alba.* 1 vol. 1 fr.
— *Christine.* 1 vol. 1 fr.
— *Hermine.* 1 vol. 2 fr.
— *La rose blanche.* 1 vol. 1 fr.
— *La vierge du Liban.* 1 vol. 2 fr.
— *Nadèje.* 1 vol. 2 fr.
Erkmann-Chatrian: *Contes fantastiques.* 1 vol. 2 fr.
Ferry (Gabriel): *Costal l'Indien, scènes de l'indépendance du Mexique.* 1 vol. 3 fr.
— *Les Squatters; — La clairière du bois des Hogues.* 1 vol. 1 fr.
— *Scènes de la vie mexicaine.* 1 v. 3 fr.
— *Scènes de la vie militaire au Mexique.* 1 vol. 1 fr.
Figuier (Louis): *La photographie au salon de 1859.* 1 vol. 50 c.
Figuier (Mme Louis): *Mas de Lavène.* 1 vol. 1 fr.
— *Nouvelles languedociennes.* 1 v. 1 fr.
Florian: *Les arlequinades.* 1 vol. 50 c.
Forbin (comte de): *Voyage à Siam.* 1 vol. 50 c.
Forgues: *Le rose et le gris.* 1 vol. 2 fr.
Fortune (Robert): *Aventures en Chine, dans ses voyages à la recherche du thé et des fleurs*; traduit de l'anglais. 1 vol. 1 fr.
Fraissinet (J. L.): *Le Japon contemporain.* 1 vol. 2 fr.
Galbert (de Bruges): *Légende du bienheureux Charles le Bon.* 1 vol. 50 c.
Gaskell (Mme): *Cranford*, traduit de l'anglais par Mme Louise Sw.-Belloc. 1 vol. 1 fr.
Gautier (Théophile): *Caprices et zigzags.* 1 vol. 2 fr.
— *Italia.* 1 vol. 2 fr.
— *Le roman de la momie.* 1 vol. 2 fr.
— *Militona.* 1 vol. 1 fr.
Gérard (J.): *Le tueur de lions.* 1 v. 2 fr.
Gerstäcker: *Aventures d'une colonie d'émigrants en Amérique*, trad. de l'allemand par X. Marmier. 1 vol. 1 fr.
Giguet (P.): *Campagne d'Italie*, avec une carte gravée sur acier. 1 vol. 1 fr.
Gœthe: *Werther*, traduit de l'allemand par L. Enault. 1 vol. 1 fr.
Gogol: *Nouvelles choisies* (1° Mémoires d'un fou; 2° Un ménage d'autrefois; 3° Le roi des gnomes), trad. du russe par L. Viardot. 1 vol. 1 fr.
— *Tarass Boulba*, traduit du russe par L. Viardot. 1 vol. 1 fr.
Goudall (Louis): *Le martyr des Chaumettes.* 1 vol. 1 fr.
Guillemard: *La pêche en France.* 1 volume illustré de 50 vignettes. 2 fr.
Guizot (F.): *L'amour dans le mariage*, étude historique. 7e édit. 1 vol. 1 fr.
Les ouvrages suivants ont été revus par M. Guizot:
Édouard III et les bourgeois de Calais, ou les Anglais en France. 1 volume. 1 fr.
Guillaume le Conquérant, ou l'Angleterre sous les Normands. 1 vol. 1 fr.
Guizot (G.): *Alfred le Grand, ou l'Angleterre sous les Anglo-Saxons.* 1 volume. 2 fr.
Hall (capitaine Basil): *Scènes de la vie*

maritime, traduites de l'anglais par Am. Pichot. 1 vol. 1 fr.
— *Scènes du bord et de la terre ferme*, traduites par le même. 1 vol. 1 fr.

Haureau (B.) : *Charlemagne et sa cour, portraits, jugements et anecdotes*. 1 vol. 1 fr.
— *François Ier et sa cour*, portraits, jugements et anecdotes. 1 vol. 1 fr.

Hawthorne : I. *Catastrophe de M. Higginbotham*. II. *La fille de Rapacini*. III. *David Sican*, contes trad. de l'anglais par Leroy et Scheffter. 1 vol. 50 c.

Hequet (G.) : *Madame de Maintenon*. 1 vol. 2 fr.

Hervé et de Lanoye : *Voyages dans les glaces du pôle arctique*, à la recherche du passage nord-ouest, extraits des relations de sir John Ross, Edward Parry, John Franklin, Beechey, Back, Mac Clure et autres navigateurs célèbres. 1 vol. 2 fr.

Julien (Stanislas) : *Contes et apologues indiens*. 2 vol. 4 fr.
— *Nouvelles chinoises*. 1 vol. 2 fr.

Karr (Alph.) : *Clovis Gosselin*. 1 v. 1 fr.
— *Contes et Nouvelles*. 1 vol. 2 fr.
— *Geneviève*. 1 vol. 1 fr.
— *La famille Alain*. 1 vol. 1 fr.
— *Le chemin le plus court*. 1 vol. 1 fr.

La Beaume (Jules) : *Jeunesse*. 1 v. 1 fr.

Laboulaye (Ed.) : *Abdallah, ou le trèfle à quatre feuilles*. 1 vol. 2 fr.
— *Souvenirs d'un voyageur* (Marina, le Jasmin de Figline, le Château de la vie, Jodocus, don Ottavio). 1 vol. 1 fr.

La Fayette (Mme) : *Henriette d'Angleterre*, duchesse d'Orléans. 1 vol. 1 fr.

Lamartine (A. de) : *Christophe Colomb*. 1 vol. 1 fr.
— *Fénelon*. 1 vol. 1 fr.
— *Graziella*. 1 vol. 1 fr.
— *Gutenberg*. 1 vol. 50 c.
— *Héloïse et Abélard*. 1 vol. 50 c.
— *Le tailleur de pierres de Saint-Point*. 1 vol. 2 fr.
— *Nelson*. 1 vol. 1 fr.

Las Cases (comte de) : *Souvenirs de l'empereur Napoléon Ier*, extraits du Mémorial de Sainte-Hélène. 1 v. 2 fr.

La Vallée (J.) : *La chasse à tir en France*, illustrée de 30 vignettes par F. Grenier. 1 vol. 3 fr.
— *La chasse à courre en France*, illustrée de 40 vignettes par Grenier fils. 1 vol. 3 fr.
— *Les récits d'un vieux chasseur*. 1 volume. 2 fr.

Le Fèvre-Deumier (J.) : *Etudes biographiques et littéraires*. 1 vol. 1 fr.

— *OEhlenschlager, le poëte national du Danemark*. 1 vol. 1 fr.
— *Vittoria Colonna*. 1 vol. 1 fr.

Léouzon-Leduc : *La Baltique*. 1 v. 2 fr.
— *La Russie contemporaine*. 1 vol. 2 fr.
— *Les îles d'Aland*, avec carte et grav. 1 vol. 50 c.

Lesage : *Théâtre choisi contenant : Turcaret et Crispin rival de son maître*. 1 vol. 1 fr.

Levaillant : *Voyage dans l'intérieur de l'Afrique* (abrégé). 1 vol. 1 fr.

Louandre (Ch.) : *La sorcellerie*. 1 v. 1 fr.

Marco de Saint-Hilaire (E.) : *Anecdotes du temps de Napoléon Ier*. 1 vol. 1 fr.

Martin (Henri) : *Tancrède de Rohan*.

Mercey (F. de) : *Burk l'étouffeur ; — les Frères de Stirling*. 1 vol. 1 fr.

Merruau (P.) : *Les convicts en Australie*, voyage dans la Nouvelle-Hollande. 1 vol. 1 fr.

Méry : *Contes et nouvelles*. 1 vol. 1 fr.
— *Héva*. 1 vol. 1 fr.
— *La Floride*. 1 vol. 2 fr.
— *La guerre du Nizam*. 1 vol. 2 fr.
— *Les matinées du Louvre ; — Paradoxes et rêveries*. 1 vol. 1 fr.
— *Nouvelles nouvelles*. 1 vol. 1 fr.

Michelet : *Jeanne d'Arc*. 1 vol. 1 fr.
— *Louis XI et Charles le Téméraire*. 1 vol. 1 fr.

Michiels (Alfred) : *Les chasseurs de chamois*. 1 vol. 2 fr.

Monseignat (C. de) : *Le Cid Campéador*, chronique extraite des anciens poëmes espagnols, des historiens arabes et des biographies modernes. 1 vol. 50 c.
— *Un chapitre de la Révolution française, ou Histoire des journaux en France de 1789 à 1799*, précédée d'une introduction historique sur les journaux chez les Romains et dans les temps modernes. 1 vol. 1 fr.

Montague (lady) : *Lettres choisies*, traduites de l'angl. par P. Boiteau. 1 v. 1 fr.

Morin (Fréd.) : *Saint François d'Assise et les Franciscains*. 1 vol. 1 fr.

Mornand (F.) : *Un peu partout*. 1 volume. 1 fr.

Muller (Eugène) : *La Mionette*. 1 v. 1 fr.

Pallu (Léopold) : *Les gens de mer*. 1 vol. 2 fr.

Pichot (A.) : *Les Mormons*. 1 vol. 1 fr.

Piron : *La métromanie*. 1 vol. 50 c.

Poë : *Nouvelles choisies* (1° le Scarabée d'or ; 2° l'Aéronaute hollandais) ; trad. de l'anglais par A. Pichot. 1 vol. 1 fr.

Pouschkine (A.) : *La fille du capitaine*, trad. du russe par Viardot. 1 vol. 1 fr.

Prevost (l'abbé) : *La colonie rocheloise,* nouvelle extraite de l'Histoire de Cléveland. 1 vol. . . . . . . 1 fr
Quicherat (Jules) : *Histoire du siège d'Orléans.* 1 vol. . . . . . 50 c.
Regnard : *Le joueur.* 1 vol. . . 50 c.
Renaut (Emile) : *Rose-André;—Un Van Dyck;—Le filleul du notaire.* 1 vol. . . . . 2 fr.
Reybaud (Mme Ch.) : *Hélène.* 1 vol. 1 fr.
— *Faustine.* 1 vol. . . . . . 1 fr.
— *La dernière Bohémienne.* 1 vol. 1 fr.
— *Le Cabaret de Gaubert.* 1 vol. 1 fr.
— *Le cadet de Colombrières.* 1 vol. 2 fr.
— *Le moine de Chaalis.* 1 vol. . 2 fr.
— *L'oncle César.* 1 vol. . . . 1 fr.
— *Mlle de Malepeire.* 1 vol. . 1 fr.
— *Misé Brun.* 1 vol. . . . . 1 fr.
— *Sydonie.* 1 vol. . . . . . 1 fr.
Robert (Adrien) : *Contes excentriques.* 1 vol. . . . . 2 fr.
— *Nouveaux contes excentriques.* 1 volume. . . . . 2 fr.
Rivière (Henri) : *Pierrot;—Caïn.* 1 vol. . . . . 1 fr.
Saint-Félix (J. de) : *Aventures de Cagliostro.* 2e édition. 1 vol. 1 fr.
Saint-Hermel (de) : *Pie IX.* 1 vol. 50 c.
Saintine (X.-B.) : *Un rossignol pris au trébuchet; le château de Génappe; le roi des Canaries.* 1 vol. 1 fr.
— *Les trois reines.* 1 vol. . . 1 fr.
— *Antoine, l'ami de Robespierre.* 1 vol. . . . . 1 fr.
— *Le mutilé.* 1 vol. . . . . 1 fr.
— *Les métamorphoses de la femme.* 1 volume. . . . . . . 2 fr.
— *Une maîtresse de Louis XIII.* 1 volume. . . . . 2 fr.
— *Chrisna.* 1 vol. . . . . . 2 fr.
Saint-Simon (le duc de) : *Le Régent et la cour de France sous la minorité de Louis XV,* portraits, jugements et anecdotes extraits littéralement des *Mémoires* authentiques du duc de Saint-Simon. 2e édition. 1 vol. 2 fr.
— *Louis XIV et sa cour,* portraits, jugements et anecdotes extraits littéralement des *Mémoires* authentiques du duc de Saint-Simon. 3e édit. 1 v. 2 fr.
Sand (George) : *André.* 1 vol. . 1 fr.
— *François le Champi.* 1 vol. . 1 fr.
— *La mare au Diable.* 1 vol. . 1 fr.

— *La petite Fadette.* 1 vol. . . 1 fr.
— *Narcisse.* 1 vol. . . . . . 2 fr.
Sarasin : *La Conspiration de Walstein,* épisode de la guerre de Trente ans, avec un Appendice extrait des *Mémoires* de Richelieu. 1 vol. . 50 c.
Scott (Walter) : *La fille du chirurgien,* traduite de l'anglais par *L. Michelant.* 1 vol. . . . . . . 1 fr.
Sédaine : *Le Philosophe sans le savoir.* 1 vol. . . . . 50 c.
Serret (Ern.) : *Elisa Méraut.* 1 vol. 1 fr.
— *Francis et Léon.* 1 vol. . . 2 fr.
— *Perdue et retrouvée.* 1 vol. 2 fr.
Sollohoub (comte) : *Nouvelles choisies* (1° Une aventure en chemin de fer; 2° les deux Étudiants; 3° la Nouvelle inachevée; 4° l'Ours; 5° Serge), trad. du russe par *E. de Lonlay.* 1 vol. 1 fr.
Staal (Mme de) : *Deux années à la Bastille.* 1 vol. . . . . . 1 fr.
Sterne : *Voyage en France à la recherche de la santé,* traduit de l'anglais par *A. Tassel.* 1 vol. . . . 50 c.
Thackeray : *Le diamant de famille et la Jeunesse de Pendennis,* traduits de l'anglais par *A. Pichot.* 1 vol. 1 fr.
Tresca : *Visite à l'Exposition universelle de Paris en* 1855. 1 fort volume in-16 de 800 pages, contenant des plans et des grav. . . . . 1 fr.
Ubicini : *La Turquie actuelle.* 1 v. 2 fr.
Ulbach (Louis) : *Les roués sans le savoir.* 1 vol. . . . . . . 2 fr.
Viardot (L.) : *Souvenirs de chasse.* 1 vol. . . . . 2 fr.
Viennet : *Fables complètes.* 1 vol. 2 fr.
Vitu (A.) : *Contes à dormir debout.* 1 vol. . . . . 2 fr.
Voltaire : *Zadig.* 1 vol. . . . 50 c.
Wailly (Léon de) : *Stella et Vanessa.* 1 vol. . . . . 1 fr.
— *Angelica Kauffmann.* 2 vol. . 4 fr.
— *Les deux filles de M. Dubreuil.* 2 volumes. . . . . 4 fr.
Weill (Alex.) : *Histoires de village.* 1 vol. . . . . 2 fr.
Yvan (Dr) : *De France en Chine.* 1 v. 1 fr.
Zschokke (H.) : *Alamontade, ou le Galerien,* traduit de l'allemand par *E. de Suckau.* 1 vol. . . 50 c.
— *Jonathan Frock,* traduit par le même. 1 vol. . . . . . . 50 c

---

Typographie de Ch. Lahure et Cie, rue de Fleurus, 9.

www.ingramcontent.com/pod-product-compliance
Lightning Source LLC
Chambersburg PA
CBHW071251160426
43196CB00009B/1243